KB261632

소설 손양원 사랑과 용서

믿음이란 한 알의 밀알이 땅에 떨어져 죽음으로 많은 열매를 맺음과 같이 진리의 열매를 위하여 스스로 죽는 것을
뜻합니다. 눈으로 볼 수는 없으나 영원히 살아 있는 진리와 목숨을 맞바꾸는 자들을 우리는 믿는 이라고 부릅니다.
「믿음의 글들」은 평생, 혹은 가장 귀한 순간에 진리를 위하여 죽거나 죽기를 결단하는 참 믿는 이들의, 참 믿는 이들을
위한, 참 믿음의 글들입니다.

소설 손양원

사랑과 용서

유현종 지음

홍성사

손양원 목사(1902~1950)는 한국 교회가 낳은 위대한 신앙인이요 사랑의 사도다. 일찍이 박형룡 박사는 그를 두고 이렇게 증언했다.

"그의 일생은 기도로 호흡 삼고, 성경으로 양식을 삼아 영적 만족과 감사, 충만함으로 찬송을 끊지 않은 희세(稀世)의 경건인이었다. 그는 또 위대한 신앙의 용사로서 신앙의 절개를 지키기 위해 일제 말기 신사참배를 거부하고 수년간 옥고를 치른 분이다. 사랑하는 두 아들을 죽인 자를 용서하고 오히려 자식으로 삼아 회개시켰다. 그는 위대한 경건의 사람이요, 위대한 전도자였고, 위대한 신앙의 용사였고, 나환자의 위대한 친구요, 원수를 사랑한 위대한 사람이요, 양 떼를 위해서 의의 영광스러운 면류관을 쓰신 위대한 순교자요, 성자였다."

그가 가신 지 60년, 한국 교회는 그동안 그의 하나님 사랑·사람 사랑의 뜻을 계승, 발전, 실천하는 데에 게을렀다. 뜻있는 분들이 '산돌손양원기념사업회'를 조직, 그의 '용서와 화해'의 정신을 이 땅에 보급, 실천하자고 다짐했다. 순교 60주년을 맞아 기념사업회는 그를 소개하기 위한 몇 가지 계획을 세웠다. 다큐멘터리와 실록소설, 평전을 만들고 기념학술회의와 기념예배를 갖도록 하며 여력이 있으면 기념사업을 확대키로 했다. 《소설 손양원: 사랑과 용서》는 이 계획의 일환으로 출간한 것이다.

이 책의 저자 유현종 님은 여러 권의 장편을 써서 독서계에 이미 잘 알려진 작가이다. 《연개소문》, 《대조영》, 《들불》, 《무인시대와 삼별초》 등은 그의 대표 작품이다. 교회의 장로이기도 한 그는 손양원 목사에 대한 실록소설을 구상하고 있었던 듯하다. 기념사업회와 연결되어 이 작품을 구체화시킨 것은 뜻 깊은 인연이다. 원래 비그리스도인들에게도 손양원 목사를 소개하려는 목적에서 구상된 이 책은, 문학성을 숙성시킬 시간이 많이 부족했음에도 그 의도가 훌륭하게 소화된 것으로 믿고 기쁘게 생각한다.

아집과 갈등이 점철돼 있는 현실에서 '용서와 사랑'의 종 산돌 손양원 목사, 그를 사랑하는 마음만으로 선뜻 출판을 맡아 주신 홍성사와 정애주 님, 그리고 촉박한 기일을 맞추기 위해 노력하신 편집부에 감사드린다. 이 책이, 순교 60주년을 맞아 그의 '원수 사랑의 정신'이 이 땅에 구현되기를 염원하는 많은 독자들에게, 영성 가득한 선물이 되기를 고대한다.

2010년 9월 13일
산돌손양원기념사업회 이사장 이만열

차례

1. 불령선인(不逞鮮人)의 아들

봄을 시샘해서일까. 벌써 며칠 동안 꽃샘바람이 차갑게 불고 있
어 활짝 핀 목련을 자라목처럼 움츠리게 만들고 있었다. 새벽이
되니 더더욱 을씨년스럽게 추웠다.

"다녀왔습니다."

만두가게 영창문을 밀고 들어선 양원이 만두를 빚고 있는 주인
조카를 보며 말했다.

"너 혼자 늦었구나?"

"예."

양원은 어깨에 메고 있던 작은 목판을 내려놓았다.

"많이 팔았어?"

"오늘은 다 팔렸어요."

"그래? 수고했구나. 추운데 이 보리차나 마시려무나."

주인 조카 아저씨는 난로 위에서 끓고 있는 주전자에서 보리차를 따라 주었다. 그때 방 안에 있던 주인 김씨가 나왔다.

"도대체 팔라는 만두랑 호떡은 안 팔고 뭐하고 앉아 있니?"

"다 팔고 돌아왔대요."

조카가 대신 말해 주자 김씨는 눈을 흘겼다.

"너 우리 집에 더 붙어 있으려면 밤마다 책임량은 꼭 다 팔구 들어와야 해. 세 놈 중에 항상 젤 꼴찌잖아?"

"잘 할게요. 그럼 안녕히 주무세요."

가게 구석에 있는 쪽방으로 들어가려는데 주인이 불러 세웠다.

"그러구 내가 깜빡했는데, 너 나하구 약속해. 공일에 예배당에 안 나간다구."

"예배 보러 가도 다 끝나면 장사 나가잖아요?"

"지장이 있으니 그러는 거 아냐? 다른 애들 팔아 오는 것만큼 팔아 와야 그냥 두지 못 팔면 그땐 여기서 나가는 거다, 약속해?"

"……예."

양원은 힘없이 대답했다. 경성(서울)에 와서 중동학교에 다니며 고학하고 있는데 일자리를 잡은 것이 만두 호떡 가게였다. 가게는 야주개(종로)에 있었는데 조카 '쿡'을 제외하고 세 명의 아이들은 판매원이었다.

세 아이는 가게 쪽방에서 먹고 자며 밤 장사를 나가고 낮에는 학교를 다니는데, 주일날 교회에 나가느라 장사를 제대로 못한다고 구박이 이만저만이 아니었다. 그걸 안 양원의 단짝 친구 김시원은 자기 집에 와 있으면서 다른 일자리를 알아보는 게 어떠냐고 여러 번 권했다.

"교회 다니는 것까지 간섭하고 핍박하면 어떻게 견디겠나? 그만두고 나와 버려. 안 그래도 요즘 교회 학생회에도 할 일이 태산인데."

"그것도 일자리인데 아무런 대책도 없이 그만두기부터 하면 되겠어? 더 두고 알아볼게."

올해는 1919년. 양원은 중동학교 1학년생이었다. 김시원도 같은 학교 같은 반이었다. 둘은 의기투합한 형제나 다름없는 친구였다. 같은 반이어서 친해지기도 했지만 같은 교회에 다녀서 더욱 친밀했다. 두 사람은 안국동에 있는 안국동교회에 다니고 있었다.

이튿날 하교 후에 김시원과 잠깐 교회에 들렀다.

"학생회에서 거사 준비 한다구 했는데 소식 없었니?"

손양원이 물었다.

"내일 밤 YMCA 회관 기도실에서 만나기루 했단다. 여학생들은 진작부터 찬양단 연습실에서 몰래 태극기를 제작하구 있대."

"그래? 늦은 밤 교회에 갔다가 장사 나가면 되겠구나."

"피곤하지 않을까?"

"피곤하긴! 나라 찾는 일이 급하지."

누워 있는 손양원의 두 주먹에 힘이 들어가 있었다. 우리나라는 일본 제국주의의 야욕에 속절없이 식민지로 전락하는 운명을 맞이했다. 겉으로는 그럴싸하게 한일합방이라 하여 을사조약을 강요했다. 그러나 그건 조선을 일본의 속국으로 만든다는 것이었고, 그 조약이 체결되자마자 우리나라는 독립국의 자격을 잃고 정치, 외교, 국방 등 나라의 주권을 일본에 빼앗겨 식민국이 되고 말았다.

당시 일본은 무슨 수를 쓰든 조선을 집어삼켜야 살아남을 수 있는 절박함이 있었다. 일본도 우리와 똑같이 도쿠가와 막부(1603~1867)가 쇄국정책을 쓰다가 어쩔 수 없이 서구 열강에 나라를 개방했었다.

그 때문에 일본은 서구 열강의 반식민지가 되어 전국이 내란 상태에 빠졌다. 내란은 계속되어 일본 전역은 황폐해졌고, 먹고살 수가 없어 애를 낳으면 내다 버리는 지경에 이르렀다.

내란을 통일한 것은 교토에서 명맥만 유지하고 있던 천황이었다. 막부를 타도한 군벌들이 천황을 내세운 것이다. 메이지 천황은 일본 부흥을 위해 '메이지 유신'을 단행하여 성공했다. 그러나 열강의 식민지가 되지 않으려면 나라가 부강해져야 했다.

일본 대신들은 조선을 정복하여 국력 신장의 자산으로 삼아 아시아의 강국으로 일어서야 한다고 주장했다. 그 계책이 받아들여져 조선 침략을 단행한 것이다. 어쨌거나 나라의 국체를 잃어버리게 되자 전 국민은 분노했다. 일본에 빼앗긴 주권을 찾고 나라를 찾아야 한다는 열망이 요원의 들불처럼 번지기 시작한 것이다.

기미년이 되자 먼저 도쿄 유학생들이 2월 8일을 기하여 독립선언서를 낭독하고 도쿄 심장부 간다 기독회관에서 만세운동을 일으켰다. 그러자 국내에서도 민족대표 33인이 하나 되어 3월 1일을 기하여 독립만세운동의 불을 지폈다. 손양원은 그날 정오에 일으킨 만세 시위운동의 현장은 보지 못했다. 한 달 뒤에 중동학교에 입학했기 때문이었다.

3·1 만세운동은 기폭제가 되었다. 고등보통학교나 중학교, 여학교, 전문학교, 대학 등에서 학생들이 일어날 준비를 하였고, 서울에 있는 열 개 교회 학생회도 밀회를 거듭하고 있었다.

장사를 마치고 밤늦게 들어온 양원은 피곤한 몸이었지만 한 번도 늦잠을 잔 적이 없었다. 밥을 먹고 등교를 서둘렀다. 손양원이 다니는 중동학교는 공립이 아닌 사립학교였다. 따라서 교장은 조선인이 당연한데도 일제는 강제로 일본인 교장으로 바꿔 앉혔다. 교직원들은 물론 학생들도 불만이 컸지만 내놓고 저항하진 못했다.

첫 교시 수업이 끝났을 때 담임인 이정우 선생이 교실로 들어와 손양원을 찾았다.

"교무실로 좀 와라."

"예."

왜 오라는지 갑자기 불안감이 일었지만 양원은 담임을 따라 교무실로 갔다.

"손양원!"

"예."

"교장 선생이 호출해서 널 부른 거다."

“이유는요?”

“화가 단단히 나 있으니 만나면 그저 잘못했다고 용서를 빌어라.”

손양원의 눈이 커졌다. 잠시 교장한테 뭘 잘못했는지 생각하는 얼굴빛이었다.

“선생님, 아무리 생각해 보아도 저 잘못한 거 없는데 왜 용서를 빌라시는 거지요?”

“이유를 달지 마라. 부모님이나 스승 앞에서 이유가 꼭 있어야 용서를 비니? 자, 나하구 교장실로 가자.”

담임선생은 양원을 데리고 교장실로 갔다. 교장실 앞은 서무실이었다.

“교장 선생님 호출이라 왔습니다. 계시지요?”

서무계장에게 물었다. 그러자 주판을 팅기며 턱짓으로 들어가 보라는 시늉을 했다. 노크를 했다. 들어오란 일본말이 건너왔다. 이윽고 두 사람은 교장 앞에 부동자세로 섰다.

“일 학년 일 조 손양원입니다.”

담임선생이 큰 소리로 전하자 교장은 비만한 몸을 움직이고 팔자로 올라간 수염을 만지며 양원에게 한마디 했다.

“네가 손양원인가?”

“그렇습니다.”

교장이 자리에서 일어나 양원에게 가까이 다가오라 손짓했다. 그가 가까이 오자 교장은 양원의 뺨을 갈겼다.

“앗!”

“고라! 칙쇼!(이놈! 짐승 같은 놈!)”

계속 서너 차례 뺨을 갈긴 교장은 제풀에 지쳐 큰 숨을 몰아쉬었다.

“교장 선생님, 저는 왜 맞아야 하는지 이유를 모릅니다. 제가 무슨 잘못을 했지요?”

비록 체구도 작고 키도 작은 열여덟 소년이지만 태도는 결연하고 당찼다.

“잘못을 몰라? 네 애비 이름이 뭐지?”

“손 종자 일자 쓰시는 어른이십니다.”

“손종일! 네 애비가 그렇게 가르치더냐?”

교장은 책상 위에 놓인 서류 한 장을 담임선생 앞으로 집어던졌다.

“네가 다녔다는 함안군 칠원보통학교에서 온 신원조회서다. 조회서에 보면 너는 사상적으로 극히 불량한 학생으로 되어 있다. 어째서 동방요배를 반대하고 계속 하지 않았나?”

일제는 초등학교에서도 자기들이 신으로 떠받드는, 이른바 천황이 있는 도쿄의 황궁을 향해 경의를 표하는 절을 강요했다. 아침 조회 때마다 그들은 황궁이 있는 동쪽을 향해 서서 존경의 묵념을 하고는 90도로 등을 굽혀 절을 하게 했다.

그러나 초등학생이었던 손양원은 “천황 폐하께 경례!”라는 교감의 구령이 떨어지고 전교생이 머리를 숙이며 절을 올리는데도 혼자서만 고개를 쳐들고 절을 하지 않았다. 그 때문에 교무실에 불려가 양원은 번번이 선생님의 호된 꾸지람을 들었다.

"도대체 왜 경례를 않는 거냐? 응? 그런 불경이 어디 있어?"

"저는 하지 말라고 배웠습니다."

"집에서 너희 아버지가 가르친 거냐?"

"하늘에 계신 아버지가 가르치신 겁니다. '너는 나 외에 다른 신들을 네게 있게 말지니라.' 이 말씀은 하나님 아버지께서 십계명의 제 일계명으로 가르쳐 주신 것입니다. 저는 교회에 다니고 있으며 오직 한 분 여호와 신을 믿습니다. 다른 신에게 절한다는 것은 배교 행위입니다."

손양원 때문에 학교에서는 골머리를 앓았다. 퇴학의 사유가 되었지만 선뜻 벌을 내릴 수도 없었다. 시골인 데다가 교회 신자들을 자극하면 시끄러워질 수 있고, 그리되어 도(道) 학무국에 보고라도 되면 교직원들의 인사에 불이익이 올까 봐 쉬쉬하곤 했다. 그런데 서울에 있는 중동학교 이시하라 교장은 무슨 이유로 갑자기 경상도 시골에 있는 손양원의 초등학교 생활을 조사했는지 알 수가 없었다.

교장은 증오심 가득한 목소리로 다시 한 번 다그쳤다.

"조사에 의하면 천황 폐하에 대한 동방요배를 제대로 이행한 적이 없는 걸로 나와 있다. 네 아비가 그렇게 하도록 시킨 거 맞지?"

"아닙니다."

"네 아비가 시킨 거다!"

“아닙니다.”

“지금도 너는 동방요배는 반대지. 그런가?”

“예.”

“빠가야로!(바보 같은 놈!)”

이시하라 교장은 흥분하여 책장 옆에 세워 둔 목검을 가져오더니 양원을 사정없이 두들겨 팼다. 담임선생이 말리지 않았다면 병원에 실려 갔을지도 모를 정도였다.

“부전자전이다. 이놈 애비가 왜 만세운동에 앞장서고 형무소에 들어갔는지 그 까닭을 알 거 같다.”

그 말에 손양원은 깜짝 놀랐다. 아버지가 시골 고향에서 만세운동을 하다가 투옥당했다는 말이 아닌가.

“그럴 리가 없습니다. 형무소라니요?”

“네 아비는 지금 마산형무소 미결감에 들어가 있다. 네 아비는 후데이센징(불령선인, 사상이 불온한 조선인)이다. 그 자식이 어디서 나왔겠는가. 너 또한 떡잎부터 노란 후데이 조센징이다. 너 같은 학생은 우리 학교에 남아 있으면 안 된다. 사과 상자 안의 썩은 사과 한 알이 상자 전체 사과를 다 썩게 만든다 했다. 너처럼 썩은 사과는 필요 없다.”

알아서 자퇴하라는 협박이었다. 학교 숙직실로 물러나 온 손양원은 터지고 부은 곳을 대충 치료받았다. 담임선생이 가료를 해 주었다.

“제 아버지가 형무소에 계시다는 게 사실인가요?”

"음, 실은 너희 집에서 전보가 왔었다. 네 아버지가 투옥되었으니 너더러 속히 내려오란 내용이었어. 만세운동에 앞장서신 것 같다."

"예……."

손양원은 주먹으로 눈물을 씻었다.

"교장은 퇴학을 시키라 하는데 그렇게 되면 전학도 갈 수 없다. 차라리 자퇴하면 나중에 다른 학교에 갈 수도 있다."

"고맙습니다. 자퇴를 하게 해주세요."

2. 아버지의 신앙

손양원은 귀향하기로 하고 차비만 남긴 채 수중에 남은 70전을 그동안 다니던 안국동교회에 헌금하고, 고향으로 돌아가는 자신의 앞날과 옥중에 계신다는 아버지의 강건함을 지켜 달라고 오랫동안 기도했다.

그리고 다음 날.

경성역(서울역)으로 나온 손양원은 마지막 남은 비상금으로 삼랑진까지 가는 기차표를 샀다. 1904년 개통된 경부선은 손님이 많지 않았다. 고향 함안까지 철도가 놓여 있지 않아 삼랑진에서 내리거나 부산에서 내려 창원, 마산을 지나 걸어가야 했다.

기차가 서울역을 떠나 한강철교를 지날 때 철교 밑을 흐르는 푸른 물을 바라보며 소년 손양원은 비감한 생각이 들었다. 언제 다시 올 수 있을지 모르는 서울이었다. 이곳 서울을 떠나야 한다니

서글프기만 했다. 자의로 떠나는 게 아니라 일제의 핍박으로, 타
의로 떠나야 한다는 게 분했다. 학업까지 중단당했으니 화가 나
지 않을 수 없었다. 소리 없이 맺히는 눈물을 소매 끝으로 닦았
다. 분노를 가라앉히기 위해 성경을 꺼내들었다. 마태복음 5장이
눈에 들어왔다.

> 또 눈은 눈으로, 이는 이로 갚으라 하였다는 것을 너희가 들었
> 으나 나는 너희에게 이르노니 악한 자를 대적하지 말라. 누구
> 든지 네 오른편 뺨을 치거든 왼편도 돌려 대며 …… 나는 너희
> 에게 이르노니 너희 원수를 사랑하며 너희를 박해하는 자를 위
> 하여 기도하라.(마 5:38-39, 44)

그 성구를 읽으며 손양원은 비로소 마음의 평온함을 얻었다.
'그렇다. 내 아버지를 투옥한 일제, 학교조차 못 다니게 한 일본
인 교장, 그 같은 원수들을 어떻게 용서하란 말인가. 하지만 참을
수 없는 것을 참는 게 인내라 했다. 용서할 수 없는 것을 진정으로
용서하는 것, 그것이 사랑이며 용서가 아닐까.'
아버지의 안부가 궁금하여 서둘러 고향 집으로 왔다. 아버지가
만세운동 주도자로 체포되어 마산형무소에 투옥되어서였는지 집
안 분위기는 쇳가루가 잠긴 듯 음울하고 무거웠다. 돌아온 양원
을 보자 동생들은 눈물을 흘리며 맞아 주었다.
"어떻게 된 거니?"

둘째 아우에게 묻자 아우는 아버지가 고향 칠원 구성리 장터에서 독립만세운동을 주도하다 잡혀 마산형무소 미결감으로 넘겨져 옥고를 치르고 있다는 소식을 전해 주었다. 양원은 어머니 손을 잡고 위로했다.

"어머니, 얼마나 놀라시고 걱정하세요? 저두 오구 그랬으니까 마음 놓으세요."

"놀라지 않았다."

"예?"

"당연히 해야 할 일을 하신 거야. 빼앗긴 나라를 되찾자며 독립만세를 외치다가 잡혀 가셨는데 놀라고 부끄러울 게 뭐 있느냐? 예배당에 가서 목사님께 인사드리고 오너라."

어머니의 그 의연한 태도에 손양원은 옷깃을 바로 하며 고개를 숙였다. 비록 벽촌 구석에서 농사짓는 농부의 아내로 흙을 파며 살아도, 어머니는 환난 중에도 자식들 앞에서는 전혀 흔들림이나 연약한 모습을 보이지 않았다.

훗날 양원이 그때의 일을 넌지시 묻자 어머니는 "내 뒤에 하나님이 계신데 두려워하고 근심할 게 뭐 있느냐?"고 당당하게 말했다. 부모님은 늦게 예수님을 영접했는데도 그만큼 신앙이 뜨겁고 깊었다.

양원은 아버지가 만세사건에 어떻게 연루되었는지 동네 교회에 가서 목사님과 전도사님에게 자세히 듣게 되었다. 중동학교에 입학하기 위해 양원이 고향을 떠난 것은 3·1 만세운동이 일어나기

두 달 전인 정월이었다. 그래서 아버지가 만세운동에 앞장섰던 것을 몰랐던 것이다. 아버지 손종일은 대대로 농사를 생업으로 삼고 붙박아 살아온 농사꾼 집안의 기둥이었다.

손종일 집안은 안팎을 다 뒤져 보아도 예수 믿는 사람은 아무도 없었다. 예수를 영접한 신자는 손종일이 처음이었다. 1905년 35세의 늦은 나이에 형제처럼 지내던 이웃집 형의 권유로 교회에 나가게 된 것이다.

비록 늦은 나이에 예수를 믿었지만 그의 신앙은 반석처럼 굳었다. 아들 손양원도 7세가 되던 해 부모님을 따라 입신(入信)했고, 16세에 세례를 받고 자연스럽게 신자가 되었다. 손종일은 금년 1919년 초에 장로 장립을 받았다.

칠원교회에서 장로가 나온 것은 그가 처음이었다. 손종일은 성품이 강직하고 옳은 일이라면 결코 양보하거나 타협하지 않았다. 집안에서 유일하게 예수를 믿었기에 그 핍박은 말할 수가 없었다.

하지만 그는 밤이면 열심히 성경을 읽고, 낮에는 들에 나가 일하거나 쉬면서도 사람을 만나기만 하면 열심히 복음을 전했다. 집안 어른들의 조롱과 박해는 끊이지 않았다. 그러다 사고가 났다.

손종일이 예수 믿고 난 뒤, 어느 정월 초하루 설이 되어 집안에서는 차례 상을 차리고 제사를 지냈다. 그런데 손종일은 그 제사를 외면하고 마당만 배회했다. 그 때문에 호되게 혼이 났다.

"너는 왜 제사를 안 지내느냐? 네놈은 조상도 없나? 서양귀신을 섬기면 조상 얼도 다 팔아먹는 거야? 응?"

혼이 났지만 손종일은 듣는 체도 하지 않았다. 제사가 끝나자 성묘를 가게 되었다. 3대조 할아버지부터 차례로 무덤을 돌며 성묘하는 것이 정초의 관습이었다. 집안 어른과 친척들이 모두 모여 묘소 앞에 차례 상을 차리고 제사를 지내게 되었다.

항렬에 따라 아랫사람들부터 절을 시켰다. 이윽고 손종일 순서가 되었다. 그러나 그는 차례 상 앞에 서서 추모기도로 대신했다.

"아니 저눔아가 무신 짓을 하는 기고? 절을 하라카이 주문만 외우고 있네? 어서 허리 꺾고 절 몬 하나?"

큰집의 큰당숙이 손종일을 큰소리로 나무랐다. 그러자 기다리고 있었던 것처럼 다른 어른들도 거들며 손종일을 몰아세웠다.

"예수에 미쳐서 끝까지 이러믄 우리 족보에서 파내 버릴 끼다. 조상을 모실래 아니면 예수를 버릴래? 어느 쪽이야?"

"……"

"마침 잘되었어. 우리 집안에서 네놈 혼자 예수에 미쳐 있어 대소간 어른들이 네놈이 정신을 똑바로 차리도록 혼을 내주기로 했는데 친척들이 다 모일 기회가 없어 미뤄 왔었다. 자, 우짤래? 조상님이가 예수가? 어느 쪽이야? 예수라 카면 당장 족보에서 파버리고 아무도 모르는 타관 땅으로 내쫓을 끼다! 어서 선택해라."

"……"

손종일은 고개만 숙인 채 말이 없었다.

"와 말이 없나? 선택하라카이!"

"저는 죽어도 예수님입니다."

“머라꼬?”

“예수님만이 길이요 진리요 생명이십니다. 왜 그 진리를 모르십니까? 안타깝습니다. 조상 묘 앞에 음식 차려 놓고 귀신한테 절하는 건 우상숭배입니다. 제발 눈을 뜨세요. 새 세상이 있는데 왜 못 보시는 겁니까? 왜!”

손종일은 목소리를 점점 높이더니 온몸을 떨면서 벌어 놓은 차례 상을 뒤엎어 버렸다. 한순간에 음식들이 사방으로 튀고 쏟아지며 수라장이 되어 버렸다.

“예수님만이 내 생명입니다. 미신을 버리세요.”

“저놈을 잡아 묶어라!”

큰당숙이 화가 나서 외치자 머뭇거리던 조카들이 달려들어 손종일의 두 손을 묶었다.

“조상님을 모독한 저런 놈을 가만두어서는 안 된다. 정신이 번쩍 날 때까지 실컷 두들겨 패라!”

그러자 너도나도 달려들어 밟아 대며 한동안 구타했다. 그리고 정신을 잃을 만큼 얻어맞은 그를 묘소 근처에 있던 커다란 감나무 밑으로 끌고 가 그 밑둥에 묶어 놓게 하였다. 매를 맞아 정신이 가물거리는 걸 느끼면서도 손종일은 입속으로 기도하는 걸 멈추지 않았다.

“하나님 아버지, 저들을 용서하시옵소서. 사탄이 시키는 짓에 놀아나고 있습니다. 모두 하나님 앞으로 돌아오게 하여 주옵소서.”

이윽고 집안 친척들은 감나무에 묶인 손종일을 버려두고 다른 묘소로 떠나갔다. 어른들은 손종일을 풀어 주면 안 된다고 엄명을 내렸기 때문에 누구도 근처에 얼씬거리지 않았다. 손종일은 마치 골고다 언덕 위 십자가에 매달린 예수처럼 피투성이가 된 채 감나무에 묶여 있었다.

주변은 조용했다. 푸드득하며 잔솔밭에서 장끼 날아오르는 소리만 들렸다. 조금 멀리 떨어진 바위너설 뒤에 숨어 있던 손양원이 그때 아버지 곁으로 다가왔다.

"아버지!"

"음? 양원아."

"잠깐만 기다리세요."

양원은 울면서 감나무 뒤쪽으로 가서 묶여 있던 새끼줄 매듭을 풀었다. 묶인 것이 풀어지자 아버지는 양원을 품속에 안고 소리 내어 기도했다.

"하나님, 감사합니다. 우상을 믿는 저들이 모든 죄에서 구원을 받게 해주시는 주님이 계시다는 것을 부디 깨닫기를 원합니다. 저들을 용서하시옵소서. 그리고 우리 부자 승리자가 되게 해주시니 감사합니다."

그 같은 아버지 밑에서 성장한 손양원의 믿음이 얼마나 깊고 넓은지 미루어 짐작할 만했다.

양원이 목사님을 찾아가 인사를 올리자 목사님은 아버지가 일본 관원들에게 어떻게 맞서 싸우다 잡혀서 투옥당했는지 자세히 설명해 주었다.

"삼일만세운동은 지금부터 한 달 전에 불이 붙어 전국으로 번져 갔단다. 이곳 함안에도 여러 경로로 소식이 전해져 항일만세 의거를 계획하게 되었지. 함안읍에서 먼저 일어났단다. 삼 월 십구 일이었어. 고종 황제가 돌아가셔서 그 장례를 보려고 일곱 명이 상경했다가 마침내 만세운동이 터지자 한양에서 독립선언서를 가지고 고향으로 왔고, 그들이 독립만세운동을 일으키기로 결의했단다.

삼 월 십구 일 함안 읍내 장날을 기하여 주동자들이 독립선언서를 낭독하고 태극기를 날리며 길거리를 뒤덮었다. 함안 경찰관 주재소로 몰려가 다 때려 부수고 군청으로 몰려가 군수 민인호를 사로잡고, 흥분한 군중들이 군수를 구타하며 만세 시위 군중은 삼천여 명으로 불어나 읍내 곳곳을 만세 소리와 태극기의 물결로 덮어 버렸단다.

일본군과 일본 경찰은 가만있지 않았지. 마산에서 대거 몰려와 공포를 쏘며 진압했고, 예순다섯 명의 주동 인물이 검거되어 끌려갔단다. 하지만 만세 시위는 멈추지 않았어. 함안 읍내에서 이번에는 군북면으로 불길을 옮겼지.

삼 월 이십 일. 그날이 군북 장날이었단다. 장날을 틈타 몰려든 장꾼들과 함께 다시 만세 시위가 일어났단다. 오전 오후 연인원 오천여 명으로 불어난 시위 군중은 일경과 맞서 싸우며 목이 터지게 만세를 외쳤다. 일경의 총탄에 맞아 순국한 사망자만 해도 이십여 명이 넘었고, 부상자만 해도 수십 명이라는 소문이다.

네 아버님 손종일 장로님이 시위 거사를 일으킨 것은 함안과 군북 시위 다음으로, 사일 후 칠원면 장날이었다. 너는 아직 학생이라 모르겠지만 우리 전국의 교회는 서울에서 만세 시위 지시를 받고 앞장설 기회만 엿보고 있을 때였다. 이미 우리 교회에도 서울에서 독립선언서가 내려와 있었으니까.

전국 각처에 있는 우리 교회들이 앞장서서 일제와 맞서 독립만세 시위를 해야 한다는 것이었다. 함안 읍내 그리고 군북면 시위가 이어지고 많은 희생자가 났지만 칠원이 가만있으면 안 된다 하여 손종일 장로님이 면내의 유지이며 동지인 엄주신 씨, 박경천 씨 그리고 윤형규 씨와 더불어 삼 월 이십사 일 칠원 장날을 택하여 거사를 하기로 하고 준비를 했단다.

이윽고 칠원 장날이 되어 날이 밝았고, 장꾼들이 밀려들었다. 만세 시위가 사람들이 모이는 장날에 일어난다는 것을 알고 일경들은 아침부터 비상사태로 대비하고 있었다. 시위대는 그 허를 찔러 오전에 거사를 하지 않고 파장이 가까워진 오후 네 시쯤 장터 복판에서 손종일 장로님이 독립선언서를 낭독하고 만세 선창을 하여 불길을 당겼다.

장터에 모인 군중은 모두 팔백여 명이었는데, 그들은 한순간 마른 장작에 붙은 불길처럼 타올라 독립만세 함성과 함께 온 거리를 파도처럼 휩쓸었다. 남녀노소가 따로 없었다. 일경은 마산 주재 중포대의 일본군까지 동원하여 가차 없는 진압 작전을 펼쳤다. 점차 세가 불리해짐을 느끼자 지도부는 일단 후퇴하여 함안과 군북 사태 같은 유혈 학살은 막아야겠다고 상의하고 도피해 버렸다.

시위가 진압되자 일경은 안심했다. 칠원의 폭풍은 지나간 것으로 간주했던 거야. 이들이 방심하는 사이 다시 만세 시위를 일으키기로 하고 장날이 되기를 기다렸단다. 일경들의 감시가 심하니 바로 다음 장날은 피하고 그다음 장날인 사 월 삼 일을 거사일로 잡아 준비에 박차를 가했단다.

드디어 사 월 삼 일, 이차 봉기로 만세 시위가 칠원 장터에서 터져 올랐단다. 이차 봉기에도 수백 명의 군중이 몰려들어 만세를 부르고 일경과 대치했다. 일본 경찰과 헌병들은 총을 쏘며 진압했고 닥치는 대로 체포하며 개머리판으로 구타했다. 해질녘이 되어 진압되었는데 지도부 인사 중 손 장로님을 비롯한 열두 명이 구속되어 마산경찰서로 넘어가고, 조사가 끝나자 마산형무소 미결감에 투옥한 거란다."

아버지가 만세 시위를 주동하다 체포되어 형무소에 수감되었다는 내용이었다.

"마산형무소로 아버지 면회를 갈 수 있을까요?"

양원이 묻자 목사님은 고개를 끄덕였다.

"갈 수 있을 게다. 시간을 내서 나하구 다녀오기루 하자."

"고맙습니다."

이윽고 손양원은 칠원교회 김 목사님과 함께 마산으로 나가 형무소 미결감에 갇혀 있던 아버지 손 장로를 면회하게 되었다.

“장로님, 차가운 방에서 얼마나 고생하십니까?”

“주님이 받으셨던 고난에 비하면 아무것도 아니지요.”

“기도하십시다.”

김 목사님의 기도가 끝나자 손 장로가 나무라듯 아들에게 말했다.

“경성에서 공부할 녀석이 여긴 왜 왔노? 학교는 어찌하고?”

“……”

양원은 선뜻 대답하지 못하고 머뭇거렸다. 학교를 자퇴했다는 사실을 알리면 혼나지 않을까 싶어서였다.

“아버님이 걱정돼서 내려왔겠죠.”

목사님이 대신 대답했다.

“집에 가면 이 애비는 걱정할 거 없다고 전하그라. 곧 나가겠지. 어머니 위로 잘 해드리고 느그 동생들도 잘 챙겨 주그라.”

“예.”

목사님이 물었다.

“공판은 언제쯤 있다구 해요?”

“잡혀 오는 만세꾼들이 너무나 많아 경찰서는 물론이고 형무소 미결감도 초만원입니다. 그러니 재판 순서가 늦어져 언제 할지 모르겠습니다. 저 때문에 교회가 피해를 입는 거는 없는지요?”

“아직은 없습니다만 탄압이 좀 심해지겠지요.”

“오, 주여!”

“오히려 아드님에게 피해가 좀 간 듯싶습니다.”

"그게 무슨 말이지요?"

손 장로가 놀라서 아들을 건너다보았다.

"일본인 교장이 자퇴시켜서 학교를 그만두고 집에 내려왔답니다. 학교에서도 동방요배를 하지 않거나 해서 반일 성향이 농후하다고 항상 주목받아 핍박을 받아왔는데, 때맞춰 고향에서 아버지가 만세 시위운동을 주도하여 투옥되었다는 걸 알고는 선량한 애국학생들까지 물들면 안 된다며 자퇴하라 강요했답니다."

"저럴 수가? 그게 사실이냐?"

얼굴이 붉게 상기되며 손 장로가 아들에게 물었다. 양원은 갑자기 흐르는 눈물을 주체하지 못하며 고개만 끄덕였다.

"정의는 반드시 이긴다. 하나님의 심판이 있을 것이다. 그런 교장이 있는 학교는 안 다녀도 좋다. 다른 방도를 찾아 공부해라."

김 목사와 손양원은 면회 시간이 다 되어 면회실을 뒤로했다.

"일본인 교장이 널 내쫓은 것도 하나님의 다른 뜻이 있어 그러신 것으로 알아라. 고난을 감사하는 마음으로 받아들여야 해. 참고 기다리면 하나님은 다시 널 배움의 길로 인도해 주실 게다. 낙망하지 마라."

아버지는 오히려 아들 걱정을 했다. 아버지 손종일 장로는 징역 1년 형을 선고받았다. 그로부터 양원은 어머니를 모시면서도 아버지 옥바라지를 게을리하지 않았다. 손 장로는 건강한 모습으로 만기 출소했다.

3. 궁(窮)학생의 도쿄 유학

1년이 지났다. 그러던 어느 날 손양원 앞으로 일본 도쿄에서 편지 한 통이 배달되었다. 편지를 보낸 사람은 도쿄에서 공부하고 있던 친구 김시원의 삼촌이었다. 시원의 삼촌은 도쿄에서 전문학교를 다니고 있었는데, 마침 경성(서울) 집에 왔을 때에 손양원을 보고 사람됨이 바르다며 칭찬을 아끼지 않았고, 많은 이야기를 해주며 격려했었다.

시원이 편지로 네가 다니고 있던 중동학교를 그만두었다는 걸 알았다. 차라리 도쿄로 건너오너라. 도쿄 복판에서는 민족 차별이 덜하고 학원, 학교가 많아 배울 기회가 오히려 많단다. 나도 궁학(窮學, 고학)으로 학업을 이어 가고 있다. 너두 고생을 각오하더라도 오는 것이 좋을 것 같아 편지한다.

손양원은 뛸 듯이 기뻐했다. 그는 곧 아버지에게 삼촌의 편지를 보였다.

"가고 싶으냐?"

"예, 아버지."

"정말로 힘들고 고생스러울 텐데? 굶어 가며 학교 다닐 각오해야 할 게다. 널 챙겨 주지 못할 거다."

"저두 경성에서 궁학생 하며 학교 다녔어요."

"그래. 그 정도면 견뎌 내겠지. 가거라."

마침내 아버지 손 장로도 승낙해 주었다. 도쿄까지 가는 빠듯한 여비만 얻어 부산으로 가 일본 시모노세키행 관부연락선에 몸을 실었다. 도쿄행 기차로 갈아탔다. 도쿄역에는 시원의 삼촌이 나와 있었다.

"오느라 고생했지? 잘 왔다. 도랑꾸(트렁크) 날 다오."

"무겁지 않습니다."

"주라카이!"

가방을 빼앗듯이 하고 그는 앞장서서 전차를 탔다. 손양원의 도쿄 생활은 이렇게 첫날을 시작했다. 그는 이미 양원이 다닐 수 있는 중학교를 알아봐 둔 상태였다.

"사립학교다. 공립학교는 다닐 수 없지. 스가모중학교라는 학교야. 경성에 있을 때 학비는 뭘루 벌었나?"

"호떡 장수도 했고 만두 장수도 해서 학교에 다녔지요."

"그럼 됐다. 여기서두 학비는 벌어야 해. 그러자면 주간은 다닐 수 없다. 야간부를 다니도록 해라.”

“야간부는 주간부하구 졸업자격증이 다른 거 아닙니까?”

“아니다. 똑같다. 야간 나왔다고 차별하지 않는다.”

“그러면 됐습니다. 야간 다니겠습니다.”

이렇게 되어 손양원은 스가모중학교에 편입하게 되었다. 시원의 삼촌은 신앙심이 깊은 사람이었다.

“고될 거다. 낮에 일하고 밤엔 학교 다니고. 그러다 보면 주일날은 파김치가 되어 일어나고 싶지 않겠지. 하지만 주일성수는 무슨 일이 있어도 해야 한다. 알았지?”

“어떤 교회에 나가야지요?”

“사카바시에 있는 성결교회에 나가면 될 거다.”

“일본 사람들이 다니는 교회 아닌가요?”

“일본 사람들 교회지만 우리 조선 사람도 많이 다니는 교회다. 원래 우리보다 일본은 기독교 신자가 적다.”

“왜지요? 구교인 가톨릭은 임진왜란 당시에도 일본에 전해져 있었잖아요?”

“그렇지. 구교는 우리보다 백여 년 앞서 믿기 시작했고 개신교도 우리보다 삼십여 년 앞서 받아들였다.”

“그런데도 신자 수가 적다구요? 왜지요?”

“일본은 신도국가(神道國家)라 한단다. 제일 높은 가미사마는 천황신(天皇神)이고 온갖 곳 온갖 것에 신이 있다고 믿으며, 신도는 호국불교가 일본 샤머니즘과 결탁하여 일본식 불교를 만들어

국수주의 일본교(日本敎)가 된 것이다. 그래서 일본인들을 개종시
키는 것은 미안한 말이지만 여자더러 남자가 되라는 것만큼이나
어려운 일이야.”

“그렇더라도 전도를 하고 또 하면 신앙을 바꾸지 않을까요?”

“바꾸기 어렵다. 왜냐하면 일본인이 기독교로 개종하게 되면 먼
저 자기 집안에서 따돌림 당하게 되고 다음으로 이웃에게, 그리
고 마을에서 따돌림을 당하게 되기 때문이다.”

“일본은 신앙의 자유가 없나요?”

“신앙의 자유는 보장하지만 결과를 보면 보장하지 않는 거나
마찬가지다.”

“신앙을 바꿨다고 마을에서 따돌린다는 건 이해가 안 가는데
요?”

“일본인 가족, 일본인 마을의 조직을 들여다보면 이해가 간다.
일본인 가정에는 어느 집이나 방 안에 신단인 가미다나(神棚)를
놔두고 신을 모신다. 이건 우상이기 때문에 개종하면 신단부터
치워야 한다. 그걸 치우면 집안사람들이 가만있을까? 조상신을
팔아먹는다며 매도한다. 마을은 왜 가만두지 않을까? 일본인들
의 축제 문화를 이해하면 빠르다. 마츠리라 부르는 마을 공동 축
제는 전국 어느 마을이나 다 있고, 일 년에 한 번씩은 축제를 벌인
다. 이 축제에선 아무나 봉사하고 아무나 가마를 메고 아무나 깃
발을 들게 하지 않는다.”

“마을마다 하는 축제라면 젊은 사람들이 나서서 가마도 메고

시내 행진도 하고 그러는 거 아닌가요?"

"그건 조선식이다. 일본식은 아주 규격화되어 있다. 엄청나게 큰 가마를 열 명 스무 명이 메고 거리로 나서는데, 가마 위에는 한 사람만 타고 있다. 제일 높은 사람. 가마 꼭대기는 아무나 타는 게 아니다. 십 년에서 이십 년 동안 마츠리를 위해 맡은 직책을 다하고 승진하여 올라간 자리이기 때문이야. 힘이 좋다고 당장 가마채를 내주고 짊어지라 하지 않는다는 말이다. 맨 처음에는 가마를 장식하는 데 필요한 짚단을 추리고 밑 심부름꾼 일부터 해야 한다. 삼 년쯤 지나면 새끼줄을 꼬는 축에 들어갈 수 있다. 그 사람이 가마채를 메는, 이른바 가마꾼들 속에 들어가려면 최소한 삼 년에서 오 년쯤 숙달되어야 자격이 주어진다. 그러니까 가마 위 꼭대기에 앉아 가려면 이삼십 년 모든 단계를 차례로 거친 자라야만 자격이 주어지는 것이다."

"축제니까 되는 대로 즐기는 것으로 알았더니 그게 아니군요."

"일본인들은 빈틈없는 조직을 좋아한다고 보면 된다. 하는 일들은 다 나누어서 맡은바 자기 일을 철저하게 하도록 하고, 그래야만 동네 안의 모든 남녀가 빠짐없이 다 참가할 수 있다고 보는 것이다. 그 동네에 사는 사람은 그 마츠리의 부품이 되는 거다. 부품은 하나만 빠져도 전체가 돌아가지 않는다. 그렇게 조직화해 놓았기에 마을 사람이라면 어려서부터 의무적으로 마츠리에서 빠질 수가 없는 것이다. 게을러서, 평판이 안 좋아서 그리되면 조직의 부품이 되지 못한다. 되지 못하면? 그 사람은 마을에 살지 못하고 불명예를 안고 딴 곳으로 추방당하게 된다. 마츠리 행사는 대부분 마을의 안녕과 풍년을 빌기 위해 동네에 있는 마을 신에게 제사 지내는 데서부터 시작된다. 예수교 신자라면? 우상숭배라 하여 마을 신에게 제사도 지내지 아니할 것이며 기원 행사인 마츠리에도 참여 안 하려 할 것이다. 그렇게 되면 그 신자는 마을에서 추방당한다. 그걸 각오하고 예수를 믿는다는 것은 순교자의 결심 이상이 있어야 가능하다. 그 때문에 신자가 늘어나지 못하는 것이다. 교회를 나가 예수님을 영접하고 싶어도 두려워서 못 나가는 것이다. 이것이 일본 기독교의 포교 현실이다."

시원의 삼촌의 설명을 들은 양원은 일본인의 속성을 깨닫고 깊이 고개를 끄덕였다.

양원은 스가모중학교 야간부에 적을 두고 열심히 공부를 계속했다. 그런데 문제는 낮에 일을 하거나 장사를 하여 학비를 벌어야 한다는 것이었다. 신문이나 우유 배달 같은 것도 있었지만 도쿄는 전혀 낯선 이국땅이라서 어디가 어딘지 알 수 없어 섣불리 나설 수가 없었다.

그러던 어느 날 길을 가다가 전봇대에 붙은 광고를 보았다. 손수건만 한 크기의 종이에 붓으로 쓴 광고 내용이 양원의 관심을 끌었다.

급구. 미츠이욕장 화부 조수 1명

사람을 구한다는 광고였다. 미츠이라는 목욕탕에서 일할 화부 조수를 고용하겠다는 것이었다. 화부 조수가 뭘 하는 건지는 자세히 몰랐지만, 불과 관계된다는 것만 알고 그 일에 조수 노릇 할 사람을 구한다니 일단 찾아가 보기로 했다.

그 목욕탕은 얼마 떨어지지 않은 사거리 뒷골목에 있었다. '센토'라 부르는 일본식 대중탕이었다.

"무슨 일인가? 목욕하러 온 거 아닌가?"

매표구 안에 주인인 듯한 중늙은이가 얼굴 절반만 내보이며 양원에게 물었다.

"저어, 광고 보구 왔는데요? 일할 사람 찾는다구 해서요."

"그래?"

주인은 그제야 얼굴을 밖으로 빼며 양원의 위아래를 훑어보았다.

"들어와 봐라."

안으로 들어오게 하더니 비상문을 열고 욕탕 뒤뜰로 데리고 나갔다. 건물 뒤뜰에는 장작더미가 산처럼 쌓여 있었다. 건물 뒤쪽은 보일러실이고, 시뻘건 불이 타고 있는 커다란 아궁이가 입을 크게 벌리고 있었다. 그제야 양원은 화부 조수가 무슨 일을 하는 사람인지 알았다. 저 아궁이에 장작을 계속 던져 넣어 가며 목욕탕 물을 데워야 하는 것이었다.

"아니, 이 친구가 어디 간 거야? 으음, 저기 오는구만."

주인이 쳐다보는 곳을 보니 스모 선수같이 생긴, 40세 정도 되어 보이는 사내 하나가 뒤뜰로 돌아 나오고 있었다. 그 사내는 아랫도리에 기저귀 같은 '훈도시' 하나만 차고 위에는 청색 물고기 무늬가 있는 짧은 상의 하나를 걸친 채 머리에는 목수건을 돌려 앞으로 묶고 있었다.

"왜 나오셨습니까요?"

"후지와라! 어디를 돌아다니나?"

"걸레 빨고 왔습니다. 헌데 이놈은 뭐하는 놈이죠?"

"구인 광고를 보고 온 녀석인데 조수 일을 해보고 싶다는구나."

"그래요? 네 이름이 뭐냐?"

"손양원인데요."

"뭐야 조센징이잖아?"

"그렇습니다. 스가모중학 야간에 다니는 학생입니다. 잘 부탁드립니다."

그러자 주인이 한마디 했다.

"막일하는데 조센징이냐 아니냐 따질 건 없잖아?"

"그건 그렇습죠만 일 시켜 먹기엔 너무 허약하고 작은데요?"

"키가 작아서 그렇지 힘은 좋은 편입니다."

"그래? 그럼 일해 봐라."

네가 데리고 있어야 하니까 네가 정하란 주인의 말을 듣자 후지와라가 승낙했던 것이다.

"고맙습니다."

"무슨 일이 있더라도 보일러 불이 꺼지면 안 된다는 걸 명심해라. 큰불은 하루 두 번 땐다. 새벽, 그리고 오후 네 시다."

양원이 하는 일은 쌓여 있는 장작더미에서 제때 장작을 날라 후지와라가 불을 잘 때도록 도와주는 일과, 후지와라를 도와 통나무 장작을 패거나 화목(火木)으로 자르는 일, 그리고 타고 남은 잿더미를 수거하여 처리하는 일 등이었다. 험한 일이고 힘들었지만 그 일거리를 얻은 것만도 고마워해야 했다.

생긴 것은 산적같이 우악스러운데 후지와라는 의외로 선량했다. 이것저것 묻더니 보일러실 옆 쪽방이 하나 있으니 책과 짐을 가지고 아예 이사를 오라고 했다.

손양원은 목욕탕 집에서 게으름 피우지 않고 성실히 일하여 주인과 후지와라의 신임을 얻었다. 목욕탕은 주일날이 제일 바쁜 때라 일이 많았지만 교회에 가는 시간은 얻을 수 있었다.

양원은 사카바시 성결교회에 나가며 학생부 일도 열심히 했다. 틈을 내어 동포들의 가게나 집을 심방하며 전도하고 어느 때는 노방 전도도 열심히 했다. 특히 일본 동양선교회라는 단체에서 하는 길거리 전도운동을 본 손양원은 크게 감명을 받고 자신도 그 선교회 봉사자로 자원하여 북을 치며 큰소리로 예수 믿으라 외치며 노방 전도운동을 활발히 하기도 했다.

중학 졸업을 하기까지 3년 동안 양원은 한 번도 귀국하여 고향 집을 다녀온 적이 없었다. 하지만 부모님과 목사님께는 간간이 편지를 보내 안부를 전했다. 그러나 고학 생활의 고생에 대해서는 일부러 말하지 않았다.

중학 과정을 마친 양원은 졸업을 하자마자 잠시 고민에 빠졌다. 전문학교에 진학해서 공부를 계속해야 하느냐 마느냐 하는 고민이었다. 진학 쪽으로 마음이 기울었을 때 아버지에게서 편지가 날아왔다. 졸업을 했으면 고향에 돌아올 일이지 왜 머뭇거리느냐는 핀잔이 있었고, 급히 상의할 일이 있으니 속히 귀국하라는 내용이었다. 일단 귀국해서 진학 문제를 심사숙고한 뒤 다시 도쿄로 돌아와도 늦지 않겠다는 생각이 들어 귀국을 서둘렀다.

고향 집으로 돌아온 양원은 부모님과 형제자매의 따뜻한 환대를 받고 동네 어른들을 찾아다니며 인사를 했다. 수요일 밤이 되자 그는 어려서부터 다니던 동네 칠원교회에 나갔다. 13세 때 이 교회에서 이종은 조사에게 학습을 받았고, 3년 뒤 1917년 10월 3일, 16세에 맹호은 선교사에게 세례를 받았었다.

양원은 교회 정문 앞에 이르렀을 때, 거기에 가로로 걸린 현수막을 보고 흠칫 놀랐다.

축 손양원 성도. 졸업 귀국 축하예배

졸업을 축하하는 예배를 올려 주기로 했다는 것이다. 함안군을 통틀어도 도쿄에서 유학하여 중학교 나온 사람은 손으로 꼽을 정도라며 우리 칠원교회의 자랑이 아닐 수 없다고 목사님이 축하예배를 드리는 이유를 설명해 주었다.

찬양대가 특별 찬송으로 청년 손양원을 맞아 주었다.

나의 죄를 정케 하사 주의 일꾼 삼으신
구세주의 넓은 사랑 항상 찬송합니다
나를 일꾼 삼으신 주 크신 능력 주시어
언제든지 주 뜻대로 사용하여 줍소서

부족한 살림에 늘 허덕이면서도 어머니는 오늘 예배를 위하여 손수 떡을 해 가져왔다. 여전도회에서는 교회 마당에 솥단지를 걸어 놓고 전을 부치고 고깃국을 끓이며 축하 잔치를 벌였다. 목사님은 청년 손양원에게 고향에 돌아왔으니 한마디 하라고 했다.

마당에는 화톳불이 타오르고 밤하늘에는 별들이 쏟아져 내릴 듯 가득했다. 나지막하나 설득력 있는 소리로 입을 열었다.

"이 자리를 마련해 주신 하나님과 우리 교회 여러분께 감사합니다. 돌아올 수 있는 고향이, 돌아올 수 있는 고국이 있다는 것이 얼마나 다행이고 행운인지 모르겠습니다. 하나님께 감사드립니다. 바벨론에 잡혀 가서 포로 생활을 하다가 풀려서 꿈에도 그리던 예루살렘으로 돌아온 이스라엘 청년들은 어떤 마음이었을까 생각해 봅니다. 제가 가서 보고 느낀 일본이란 나라는 참 불가사의한 나라였습니다. 기독교가 뿌리내리기엔 참 힘든 나라였습니다. 그리스도의 복음이 전해져 새롭게 변화되고 그곳이 그리스도의 진리 안에 사는 복음의 나라가 되었으면 싶었습니다. 펜은 칼보다 강하다 했습니다. 성경은 칼보다 강할 뿐 아니라 펜보다 강하다는 것을 새삼 깨달았습니다. 하나님은 우리 편입니다. 이렇게 환대해 주시니 정말 고맙습니다."

4. 유학생 신랑과 옥열리의 신부

고향에 온 지도 한 달이 넘게 흘렀다. 손양원은 부모님께 조심스레 말을 꺼냈다.

"도쿄로 가서 공부를 더 하고 싶습니다. 곧 떠났으면 싶습니다만."

"무슨 공부를 더 한단 말이냐?"

"전문학교라도 나와서 취직을 할까 합니다."

"그보다 급한 게 있다."

"그게 뭔데요?"

"네 나이 스물세 살 아니냐? 장가를 가야지."

"결혼은 천천히 해도 됩니다."

"너 장남이라는 거 잊지는 않았겠지? 정혼은 아니다만 마땅한 규수가 있다 해서 알아보았다. 혼처는 아주 괜찮더라. 네가 도쿄에서 나오기만 기다렸다. 맞선 보고 식 올리자."

양원은 아버지의 말에 대꾸도 못 하고 어안이 벙벙해서 바라볼 뿐이었다. 전혀 생각지도 못한 일인데 아버지는 계속해서 진행해 온 일처럼, 일사천리로 끝낼 양 얘기하고 있었던 것이다.

"아버지!"

잠시 후에야 겨우 불렀다.

"오냐."

"그럼 편지로라도 귀띔을 하시지, 갑자기 아닌 밤중의 홍두깨처럼 내놓으시면 어쩌라는 겁니까? 도대체 어디 사는 어느 집안 규수인데요?"

"대산면 옥열리에 사는 동래 정 씨 집안 규수란다. 우리도 아직 만나 본 적 없다만, 규수네 부모가 옥열교회에 다닌다네? 믿는 사람들이라."

아버지와 어머니의 말을 종합해 보니 양원의 집안 먼 친척 되는 아주머니가 중신을 했는데, 신부 집안은 아주 잘사는 건 아니고 농사를 짓는다 했다. 부모님 마음에 든 것은 신부 부모가 믿음이 신실한 예수교인이라는 점 때문이었다.

"각시 될 처자는 먼빛으로 내가 보았다. 얼굴도 복스러워 보이고 예쁘장했다."

어머니의 말이었다.

"그 집에까지 가서 벌써 처자를 봤단 말입니까?"

"집에 어떻게 가노? 중신한 상주댁하고 주일날 일부러 그 처자가 댕긴다는 교회로 갔지. 교회 안에서 보았지만 그 처자는 내가 온지도, 내가 본지도 몰랐을 거다. 하여튼 모레 아침에 상주댁하고 그 댁에 가서 처자 부모님 뵙고 오너라.”

선을 보라는 명이었다. 진행된 것으로 봐서는 이러고저러고 할 수도 없는 상황이었다. 양원은 난감했지만 부모님의 판단을 믿기로 했다.

“알았습니다.”

이틀이 지난 이른 아침이었다. 삽짝 쪽이 시끄러웠다. 상주댁이 찾아온 것이었다.

“갈 채비 됐지?”

“예.”

“그럼 어서 가자.”

“안방으로 들어오시게. 아무리 급해도 기도는 하고 가야지?”

아버지의 명이었다. 이윽고 양원을 비롯해서 온 식구들을 불러 앉히고 아버지 손 장로는 아들의 혼인 성사를 잘 이루게 해달라는 기도를 했다.

“주님이 가르쳐 주신 주기도문으로 마치기로 하자.”

기도를 마치자 상주댁이 가자고 했다.

“각시 댁에 함께 가는 것은 신랑이 집을 몰라 그러는 거니까 데려다만 주고 나는 바로 되짚어 돌아올 겁니다요.”

상주댁이 어머니께 한 말이었다.

“알았으니 어서 다녀오기나 하게.”

양원은 앞장서는 상주댁을 따라 신부감이 산다는 대산면 옥열리를 향해 길을 떠났다.

"신부는 몇 살이고 이름은 뭐래요?"

궁금해서 물었다.

"방년 십구 세요, 이름은 양순이라대."

"형제는 몇이고요?"

"궁금한 거는 직접 만나 물어보라구. 어차피 만날 테니까."

섣달이라 그런지 몹시 추웠다. 하늘은 금방이라도 눈발이 날릴 것처럼 찌푸렸다. 이윽고 옥열리 동구 앞에 다다랐다. 신부 집은 양원의 집처럼 그저 아담한 네 칸짜리 초가집이었다.

"계신가요? 안녕하세요?"

상주댁이 먼저 마당에 들어서서 호들갑을 떨자 신부 어머니인 듯한 부인네가 부엌에서 나왔다.

"오셨어요?"

"약조한 대로 신랑감하구 함께 왔습니다."

양원이 인사하자 부인네가 오히려 부끄러워하며 인사를 받은 뒤 안방에 대고 신부 아버지에게 알렸다. 그러자 봉창 문이 열리고 신부 아버지 얼굴이 보였다.

"그래, 방으로 들이거라."

방 안으로 들어온 양원은 정식으로 신부 부모님께 큰절을 했다.

"칠원 구성에서 온 손양원입니다."

"오, 그래. 편히 앉게나. 부모님은 다 편안하시겠지? 손 장로님은

전에 함안교회 사경회에서 만나 뵌 적이 있어. 애국자로 소문이
나서 모두 잘 알고 있었지. 헌데 저 양반이 우리 딸 중신을 들었는
데 설마 손 장로댁 아들하고 인연이 될 줄 몰랐네."

"그러셨군요."

"다 하나님의 뜻이 아닌가 싶네. 그런 훌륭한 집안에 시집을 보
내게 되다니…… 우리 분에 넘치네."

그러자 상주댁이 한마디 했다.

"중신애비가 할 일이 없네요."

"그게 무슨 말이오?"

"보통 행세한다는 집안 혼사는 따지는 것도 많고 말도 많아 중
신애비가 땀을 빼기 마련인데 예수 믿는 집안 사람들이 만나니
내가 할 일이 없다 그 말입니다. 얘기가 술술 풀리니 말입니다."

"허허허, 그게 또 그런가?"

그러더니 부인에게 빨리 나가서 서둘러 점심상을 차리라고 일
렀다. 부엌이 부산해졌다. 상주댁은 되짚어 간다고 일어섰지만 점
심은 먹고 가라며 붙잡았다. 이윽고 정성을 다한 점심상이 차려
져 들어왔다.

"따님도 함께 식사를 했으면 좋겠네요?"

상주댁의 말에 신부 아버지가 고개를 끄덕였다.

"양순이 건너오라 해라."

잠시 후 수줍어서 고개도 들지 못하는 예비 신부가 조심스럽게
방 안으로 들어섰다.

"인사드려라. 칠원교회 손 장로댁 아드님이다."

신부가 목례를 하자 양원은 자리에서 일어나 맞았다.

"앉거라. 자네도 앉게. 식사를 해야지."

예비 신부는 방 한쪽 구석에 앉았다. 어색함이 흘렀다. 그러자 신부 아버지가 양원에게 식사기도를 부탁했다. 기도 내용이 좋았던지 방 안 분위기가 갑자기 부드러워졌다. 식사를 하는 동안에도 예비 신부는 밥을 먹지 않고 한쪽 구석에 약간 외면한 채 앉아 다소곳이 있었다.

방문이 열리고 상이 나가는데 밖에 두 사람이 서 있는 것이 보였다.

"누가 왔나?"

신부 아버지가 물었다.

"아, 예. 전 집사하구 분이 아부지입니다."

"아니, 웬일들이신가?"

"신랑감이 왔다구 해서 수인사나 나눌까 하구요."

"들어오시게."

신부 아버지는 자랑스럽게 들어오라 했다. 뜻밖에 양원은 그들과 인사를 나누게 되었다.

"칠원교회 손 장로님 아드님이시고 도쿄 유학생이시라 해서 인사나 할까 해서 왔습니다요. 어떻습니까? 저는 남전도회 회장입니다. 우리 마을 옥열교회에 와서 설교 한 번 해주시면 고맙겠습니다만."

"다짜고짜 부탁하면 실례 아닌가?"

신부 아버지가 핀잔을 놓았다.

"실례를 무릅쓰고 부탁드립니다. 아무나 도쿄에 가서 공부합니까? 삼일 밤 예배에 한 번 서주십시오. 우리 목사님께는 제가 승낙을 받을 테니."

양원은 한사코 자신은 자격이 없다며 사양했지만 워낙 간곡히 청을 하니 물리칠 수 없어 그러겠다고 약속했다. 식사를 끝낸 상주댁이 먼저 떠났다. 얼마 후 양원도 자리에서 일어섰다. 인사를 드리고 마당으로 나서자 신부 아버지가 딸을 불렀다.

"양순이 어디 있느냐? 손님 가신다. 인사해야지."

"아닙니다. 대접 잘 받고 갑니다. 안녕히 계십시오."

양원은 삽짝을 나서서 골목으로 나오며 비로소 긴 숨을 내쉬었다. 긴장되었던 것이다.

동구 밖으로 나서서 들길을 걷는데 왠지 뒤쪽에 인기척이 있는 것 같아서 돌아다보고 깜짝 놀랐다.

"아, 오셨군요."

예비 신부 양순이었다. 소리없이 뒤를 따라온 모양이었다. 검정 치마에 흰 저고리를 입었는데 아담한 체구에 일견 보아도 푸근함이 풍겼다. 갑자기 할 말이 없었다. 양순이 머뭇거리며 말했다.

"예배당에 볼일이 있어 가는 길이었어요."

"아, 그래요? 예배당에서는 무슨 일을 하지요?"

"저는 직분이 없고요, 이것저것 봉사하고 있어요. 믿음도 깊지 못해요."

어색해서였던지 두 사람은 교회 이야기만 나누다가 헤어졌다. 더 이상 이야기가 길어지면 지나가는 동네 사람들이 볼까 봐 바로 헤어졌던 것이다.

집에 돌아오자 부모님은 궁금했던지 이것저것 물었다. 그리고 양원의 의향을 궁금해했다.

"모든 게 마음에 들었습니다. 부모님 말씀대로 따르겠습니다."

"잘 생각했다. 그럼 곧 혼삿날을 정하기로 하자."

혼인날은 1월 17일(1924년)로 정해졌다. 혼례식은 신부 집이 있는 대산리에서 하는 것이 순리에 맞았지만 손 장로는 칠원교회에서 하기를 원했다.

당시만 해도 혼례식을 교회에서 하는 것은 흔한 일이 아니었다. 신부 집 마당에 초례청을 차려 놓고 이른바 전통 혼인식을 치르는 게 상례였고, 제일 많이 하는 방법이었다. 그러나 예배당에서 한다고 하니 궁금했던지 함안 일대의 손님들과 대산면 일대의 사돈 손님들까지 모두 모여들어 장날처럼 북적였다.

예배당 마당에는 차일이 세 개나 쳐지고 혼인 음식을 만드느라 부녀자들이 떠들썩했다. 혼인예배가 본당에서 끝났다. 잔치는 밤 늦도록 계속되었다.

신방은 건넌방에 차려져 있었다. 새신랑 양원은 첫날밤을 치르기 전 신부 정양순과 하나님 앞에서 백년해로하겠다는 기도를 다시 올렸다. 그런 다음 앞으로의 계획도 밝혔다.

"아버님은 누구보다 신앙심이 깊고 불의에는 타협하지 않는 올곧은 성품을 지니고 계셔요. 어머님 또한 후덕하다 소문난 분이시고 역시 믿음이 깊어 아버님을 공경하고 하나님께 항상 충성을 다하시는 분이십니다. 두 분의 신앙심은 누구도 따라가지 못할 정도입니다.

우리 동네 칠원교회에서 있었던 일입니다. 이 년 전, 교회가 낡고 비좁아 예배당을 신축하기로 했답니다. 그래서 그해 이 월 이십삼 일부터 나흘 동안 길선주 목사님을 모시고 교회 건축을 위한 부흥 사경회를 열었답니다. 사경회 마지막 날 교회 신축을 위한 건축헌금 작정을 하는데 신도들이 한 사람씩 일어나 작정 헌금 액수나 헌물 내용을 말하는 시간이 되었답니다. 장로이신 아버지 순서가 되었지요. 아버지께선 일어나 조금도 망설이거나 주저하지 않고 목사님과 모든 성도들 앞에서 작정 헌금을 발표하셨답니다. 우리 집은 모두 다섯 마지기 농토가 있는데 그 닷 마지기 논에서 서 마지기 논을 예배당 신축을 위해 바치겠습니다, 그러셨다는 겁니다."

그 말이 사실이었을까 하듯 신부가 고개를 살짝 들어 신랑을 바라보았다.

"사실입니다. 닷 마지기 논 중에 서 마지기를 떼어 건축헌금으로 바친다 했으니, 모두 반신반의했던지 탄성도 없더랍니다. 그런데 뒤이어 어머니 차례가 되자 어머니께선 큰 소리로 또 약속하시더랍니다. 내가 시집왔을 때 우리 집 논은 서 마지기밖에 안 되었습니다. 닷 마지기로 불어난 것은 내가 시집와 장로님과 노력해서 두 마지기를 더 사서 붙여 그리된 것입니다. 그러니 그 두 마지기 논을 바치기로 하겠습니다."

손종일 장로 내외의 이 건축헌금 봉헌은 모든 성도들을 감동 시킨 유명한 사건이었다. 논 닷 마지기는 손 장로의 전 재산이었다. 온 동네 사람들이 다 알고 있는 내용이었다. 그런데 절반도 넘는 서 마지기를 선뜻 바치겠다고 나선 것이다. 그건 그럴 수 있다 하지만 이어서 일어난 손 장로 부인의 말은 누가 들어도 충격이었다. 자기가 손 장로 집에 시집와 남편과 힘을 다해 논 두 마지기를 보태 다섯 마지기가 되었는데 그중 두 마지기를 바치겠다고 한 것이다.

전 재산이 다섯 마지기인데 남편이 세 마지기를 바쳐서 두 마지기가 겨우 남고 부인은 그 남은 두 마지기까지도 아낌없이 교회 신축헌금으로 내놓았던 것이다. 혹시 두 사람이 짜고 그랬던 것 아닌가 하여 나중에 물었을 때, 양원의 모친은 고개를 흔들며 이렇게 말하더란 것이다.

"하나님 앞에서 뭘 짜고 할 수 있겠냐? 성령충만해서 성령님이 시키는 대로 일어나서 말했을 뿐이다."

이 사실이 알려지자 손 장로 내외를 아는 사람들은 수군거렸다.

"예수 믿더니 손종일이 완전히 미쳐 버렸다네."

더구나 그들을 만나는 사람마다 근심 어린 표정을 지으며 남의 얘기가 아니라는 듯 걱정해 주었다.

"이보시게. 닷 마지기 논은 자네가 가진 전 재산 아닌가? 게다가 자넨 농사꾼 아닌가? 그걸 내놓다니 제정신인가? 농사꾼이 자기 논도 없이 어떻게 살아가려나? 정말 딱도 하네. 완전히 망하기로 작정한 거 아니냔 말야."

"우리가 살다 보면 집안 망하는 경우가 한두 가지가 아닐세. 뜻밖에 큰불이 나서 전 재산을 태워 버릴 수도 있고 태풍에 홍수가 나서 싹 쓸어 갈 수도 있고 죽을병에 걸려 재산을 다 탕진할 수도 있고 빚보증 잘못 서서 알거지가 되는 수도 있지. 한치 앞을 못 보는 게 인생일세. 거기에 비하면 내가 하나님의 예배당을 짓다가 망한다손 치더라도 얼마나 장한 일인가? 설령 나와 우리 집은 망한다 해도 예배당은 길이길이 우뚝 버티고 있을 게 아닌가? 그래서 나는 이번 일로 후회하지 않고 오히려 기뻐하고 있다네."

"정말 알 수 없구먼."

"하나님의 말씀을 보면 이런 구절이 있다네. '오늘 있다가 내일 아궁이에 던져지는 들풀도 하나님이 이렇게 입히시거든 하물며 너희일까 보냐? 믿음이 적은 자들아. 그러므로 염려하여 이르기를 무엇을 먹을까 무엇을 마실까 무엇을 입을까 하지 말라. 이는 다 이방인들이 구하는 것이라. 너희 하늘 아버지께서 이 모든 것이 너희에게 있어야 할 줄을 아시느니라. ……그러므로 내일 일을 위하여 염려하지 말라. 내일 일은 내일이 염려할 것이요 한날의 괴로움은 그날로 족하니라.'(마 6:30-34) 그렇게 말씀하셨지. 잃어버리면 찾아 주시고 퍼내면 채워 주시는 분이 주님이시네. 주님이 다 채워 주실 걸세."

그런데 주님에 대한 손종일 장로의 그 믿음은 1년도 안 되어 현실로 드러나 사람들을 놀라게 했다. 건축을 위한 사경회가 있던 그다음 해는 비극적인 사건이 있었다.

1923년 9월. 도쿄 근방에 대지진이 발생하여 수많은 인명과 재산 피해가 났다. 이른바 관동대지진이었다. 그런데 지진이 휩쓸고 지나가자 일본인들은 말도 안 되는 유언비어를 퍼뜨렸다. 수많은 시민들을 죽이려고 조선인들이 우물에 독약을 풀고 일본인들의 재산을 약탈하고 있다는 것이었다. 흥분한 일제는 성난 군중을 동원하여 도쿄 시내와 시외에 사는 조선인 동포들을 보는 즉시 죽이고 개처럼 끌고 다니며 살육전을 벌였다. 이때 죽은 조선인 동포가 수천 명이 넘었다.

손종일 장로 집안이 놀라고 잠을 이루지 못하고 긴장한 것은 손 장로 셋째 아들 문준이 도쿄에 유학하여 공부 중이었기 때문이다. 다행히 양원은 고국에 나와 있었지만 문준은 그렇지 못했다. 지진 규모가 워낙 커서 도쿄 시내의 건물 대부분이 파괴될 지경이어서 문준이 지진으로 목숨을 잃지 않았을까 걱정이 태산인데 설상가상으로 조선인 학살 만행이 일고 있다는 소문이 퍼져 그 안위가 더욱 염려되었던 것이다.

지진이 지나간 지 두 달쯤 지난 어느 날 도쿄에서 편지 한 통이 날아왔다. 문준이었다. 편지지 속에서 먼저 떨어지는 것이 있

었다. 손 장로는 깜짝 놀랐다. 수표로 된 거금이 들어 있었던 것
이다.

'이게 무슨 돈인가? 논 닷 마지기는 살 수 있는 돈 아닌가? 왜
이게 여기 들어 있지?'

황급히 편지 내용을 읽어 본 그는 맺히는 눈물을 소리 없이 주
먹으로 씻어 냈다.

수많은 동포들도 죽은 비극의 현장에서 돈을 바라고 일을 한
건 아닙니다. 대지진의 재난이 끝나자 도쿄 시내는 폭탄을 맞
은 듯 전 시가가 파괴되어 있었고, 곳곳에 시체가 쌓여 있었습
니다. 시체들을 빨리 수습하여 처리하지 않으면 부패해서 전염
병이 창궐할 거라며 당국에서는 시신 수습을 독려했지요. 하지
만 손이 모자라 어림도 없었습니다. 저는 봉사를 위해 거리로
나섰다가 시신 수습은 물론 복구 작업까지 돕게 됐습니다. 두
달 동안 그 일을 계속했지요. 그랬더니 표창장도 주고 표창금이
라 하여 돈도 받았습니다. 그 돈을 부치니 요긴하게 쓰십시오.

손 장로는 편지를 다 읽고 무릎을 꿇은 채 하나님께 감사 기도
를 올렸다. 문준은 무사했고 논 닷 마지기를 하나님께 바쳤더니
그 닷 마지기를 다시 돌려주었던 것이다.

손양원의 이야기를 들은 신부는 감격스러운 듯 옷고름으로 눈
물을 찍어 냈다.

"저는 믿은 지 얼마 되지 않아 아는 게 없어요. 시아버님, 시어머님 믿음에 비하면 저 같은 건 발뒤꿈치도 따라가지 못할 것 같아요. 어찌 됐던 하나님이 기뻐하시는 며느리가 돼보고 싶어요."

"고맙소. 살아가자면 어려운 점이 한두 가지가 아닐 것이오. 참고 견디고, 닥쳐오는 고난은 오히려 기쁨으로 이깁시다. 혼인도 하고 그랬으니 난 며칠 있다가 도쿄로 떠날까 생각 중이오."

"왜 가시려구 하세요?"

"전문학교는 나와야 할 것 같아요. 그래야 뭐든 하고 싶은 일을 할 수 있을 것 같소. 일단 들어가서 학업을 계속할 수 있는 방도가 무엇인지 알아보고 내 장래를 정하려 하오."

신부는 싫은 내색을 하지 않았다. 오히려 공부를 더하고 싶다면 계속하라고 했다.

"제 염려는 하지 마세요. 시부모님 모시고 농사지으며 잘 있을게요."

"고맙소. 아, 그리고 도쿄에 가기 전, 다음 주일 수요일 밤 예배에 설교 약속이 돼 있으니 함께 옥열교회로 갑시다."

친정 동네에 간다는 것도 기뻤지만 남편이 친정 교회에 가서 설교한다는 것이 자랑스러워 더 마음이 들떴다. 그날 밤 예배당에는 이웃 동네 사람들까지 모여들어 입추의 여지없이 가득 찼다. 젊고 유식한 도쿄 유학생이 전하는 말씀에 모두 감동과 은혜를 받아 예배 후에도 돌아가지 않고 철야기도로까지 이어졌다.

집에 돌아온 손양원은 결혼한 지 두 달 만인 3월 23일 도쿄로 떠났다. 그는 상급학교 진학을 위해 시원의 삼촌과 상의했다.

"구 월에 시험이 있으니 일단 한번 보는 것도 괜찮을 거다. 뭘 전공할지는 정한 거냐?"

"아직 확실하게 정하진 않았습니다. 막연하지만 학교 교사를 했으면 합니다."

"그래, 그러고 보니 네 성격이나 자질과 맞는 전공 같구나. 우리가 왜 일본에 나라를 빼앗겼니? 국력이 약해서였어. 무력항쟁으로 빼앗긴 나라를 되찾을 수도 있지만, 실력을 키워서 강해진 국력으로도 되찾을 수 있다. 국력을 기르려면? 차세대 교육밖에는 없다. 민족 교육을 시키는 거야. 정주 오산학교 같은 민족 교육 기관이 자꾸 생겨나야 해."

"깊이 생각해 보겠습니다."

양원은 책꽂이에 꽂힌 책 한 권이 눈에 들어와 뽑아 보았다.

"이건 못 보던 책이네요?"

"읽고 싶으면 빌려 가도 좋다."

"성자 다미안? 천주교 신부 얘기군요?"

"음, 감동적인 얘기야. 한번 읽어 봐라."

"고맙습니다."

양원은 짐을 챙겼다.

"왜 그래? 넌 있을 만한 곳도 없잖아?"

"전에 있던 목욕탕 집 후지와라 씨한테 편지를 해놓았거든요. 도쿄 오는 대로 들르라 했으니까 가는 겁니다."

시원의 삼촌도 더 이상 잡지 않았다. 이윽고 양원이 목욕탕 집을 찾았다. 3년 전 처음 왔을 때와 변한 게 없었다.

"이게 누구야? 손 군 아닌가? 어서 오게."

여전히 스모 선수 같은 후지와라는 양원을 보자 얼싸안고 반가워했다.

"학교를 다시 다녀 보고 싶다구? 잘 생각했어. 자네가 간 뒤 조수를 새로 구해 쓰고 있긴 하지만 쓰던 방은 비어 있으니 여기 살라구."

"말씀만이라도 고맙습니다."

후지와라의 새 조수는 스무 살쯤 되어 보이는 청년이었는데, 집이 멀지 않아 출퇴근한다는 것이었다. 그래서 쪽방은 비어 있었다. 방 안에 짐을 들여놓고 양원은 목욕탕 주인을 만났다.

"잘 왔네. 회계 일 좀 맡아 주게. 월급은 많이 못 줘."

"며칠 있으면서 생각해 보겠습니다."

쪽방으로 물러나온 양원은 빌려 온 책을 펼쳤다. 내용은 벨기에 출신의 가톨릭 신부 다미안의 이야기였다. 일기를 기초로 하여 쓰인 선교사(宣敎史)였다. 책머리를 보니 다미안 신부에 대한 간략한 소개가 있었다.

다미안 신부는 1840년 벨기에 시골에서 평범한 농부의 아들로 태어났다. 그는 신학교를 졸업하고 사제가 된 후 23세 되던 해 하와이 선교사 파송을 자원하여 호놀룰루로 건너갔다. 원주민을 위해 포교 활동을 벌이던 그는, 몰로카이섬 칼리우파라에 있는 한센병 수용소에서 돌보는 사람 없이 수백 명의 나환자들이 하루하루 죽음을 기다리고 있다는 것을 알고는 자기가 가서 봉사할 곳은 그곳밖에 없다며 몰로카이섬으로 들어갔다.

1860년대 당시 하와이에는 한센병이 유행하여 수많은 양성 환자가 생겨났다. 이에 미연방 정부에서는 몰로카이섬에 환자들을 강제 이주시키고 외부와 격리시켰다. 당시 백인들은 '하나님을 믿지 않는 미개한 인종만이 나병에 걸린다'는 편협한 생각을 가지고 인종차별까지 했다.

다미안 신부는 몰로카이 칼라와오에 나환자들을 치료하기 위한 병원을 짓고 교회를 세웠다. 원주민 나환자들은 다미안 신부를 처음부터 경계하고 적대시하며 하는 일들을 방해했다. 우월주의자 백인이 와서 도와준다는 것을 믿어서는 안 된다, 위선이다. 그렇게 단정한 것이다. 그런데도 다미안은 자신의 진실된 마음과 하나님의 사랑을 몸소 보여 주었다. 아무도 나환자 근처에는 가지 않는 것이 금기처럼 되어 있었는데 다미안은 그들의 환부를 만지고 진물 흐르는 얼굴을 품에 안고 기도했으며 정성을 다해 치료해 주었다.

그래도 믿지 않으니 그렇다면 자기도 나환자가 되면 될 것 아닌가 하며 육체까지 내던져 헌신했다. 그는 마침내 나환자가 되었지만 다른 나환자의 치료에 힘쓰고 복음을 증거하다 16년의 봉사활동을 접고 44세의 젊은 나이에 숨을 거두었다.

그것이 다미안 신부에 대한 소개글이었다. 책 내용은 소개글에 나타난 것을 더 자세히 풀어낸 것이었다. 다미안 신부가 신명을 다 바쳐 나환자들과 동고동락하며 복음을 증거하고 병을 치료해 가는 눈물겨운 고난의 과정을 기록하고 있었다.

단숨에 책을 다 읽고 난 손양원은 너무나 큰 충격을 받아 꼬박 밤을 새웠다. 멀었던 두 눈이 새롭게 개안한 것처럼 여지껏 보지 못한 전혀 새로운 세계가 펼쳐져 보였다.

'내가 왜 그런 세상을 몰랐지? 나라를 잃고 가난에 허덕이는 우리 동포들도 어찌 보면 천형(天刑)의 나환자나 비슷하다. 다미안 신부처럼 나도 동포들의 영혼 구원과 치료를 위해 신명을 다 바쳐 일하고 싶다.'

손양원의 장래 희망과 진로는 그 후 결정되었다. 진학하여 교사가 되는 것보다는 목회자가 되어 하나님의 종으로 일생을 바치겠다는 결심을 하게 된 것이다. 그는 곧 귀국선을 타고 고향으로 돌아왔다.

그해 10월 23일 손양원은 모교회 집사로 피선되어 봉직하게 되었다. 이듬해 1925년에는 맏아들 동인 군이 태어나 온 가족의 귀여움을 독차지했다.

5. 피어나는 복음의 꽃송이들

1926년 3월 손양원은 하나님의 종으로 살겠다는 결심을 실천에 옮기게 되었다. 진주 경남성경학교에 입학한 것이다. 그는 누구보다 열심히 기도하고 밤을 새워 가며 공부에 열중했다. 학교에서도 당장 모범 학생으로 소문이 났고 교수들도 그에게 기대가 컸다.

경남성경학교에 다니며 가장 보람 있었던 일은 당시 한국 교계의 참신한 영적 지도자로 기대되던 주기철 목사를 만나 가르침을 받게 된 것이었다. 주기철 목사는 평양신학교를 졸업하고 부산에 내려와 초량교회에서 시무하며 경남성경학교에 출강하고 있었다.

주기철 목사가 주목받게 된 것은 마산 문창교회로 청빙되어 간 뒤였다. 그 교회는 한석진 목사, 함태영 목사 등 한국의 원로 목사들이 시무한 유명한 교회였다. 특히 함태영 목사는 광복 후 자유당 정부 시절 부통령까지 지낸 분이었다. 그런데 문창교회가 분파 대립으로 내홍을 겪게 되어 두 쪽으로 갈라질 위기에 놓이게 되었다.

누구도 그 위기를 타개하지 못하고 있을 때 새로 부임한 목회자가 젊은 주기철 목사였다. 주 목사는 부임하자마자 뛰어난 목회 리더십과 영성으로 얽히고설켜 있던 교회 내분 문제를 쾌도난마처럼 시원하게 풀어내고 화합시키는 데 성공했다. 문창교회가 안정을 찾고 새롭게 도약하는 계기가 되었다.

주 목사는 일찍이 남강 이승훈이 민족 교육을 표방하여 세운 오산학교를 졸업하고 평양신학교를 나왔기에 누구보다 민족의식과 애국심이 강한 목회자로 존경받고 있었는데, 내분까지 잠재우는 능력을 보고 모두 감탄했다.

그뿐만 아니라 마포삼열 박사가 회장으로 있던 장로교 경남노회 역시 내분에 휩싸여 있었는데, 주 목사가 노회장을 맡으면서 거뜬히 내분을 수습하는 역량을 발휘했다. 그렇게 명성을 얻은 주 목사가 경남성경학교 교수로 재직한 것은 손양원에게는 행운이었다.

"이 성경학교를 지원한 이유가 뭔가?"

입학 때 구술시험을 보는데 시험관이 주기철 목사였다.

"하나님의 종인 목회자가 되기 위해 공부하고 싶어 지원했습니다."

"목회자가 되면 어떤 목사로 살고 싶은가?"

“저는 주님의 말씀만 전하는 목회자가 되는 것보다 주님의 심장을 가진, 주님이 기뻐하시는 목자의 길을 가고 싶습니다.”

“대단하군. 말씀만 전하는 목회자가 아니라 주님의 심장을 가진 목회자로 살겠다? 물론 그것도 목회자의 본분이라 할 만하네. 그런데 목회자의 길은 그뿐일까?”

“저는 바벨론에 포로로 잡혀 간 이스라엘인들을 생각해 봅니다. 잃어버린 조국을 그리워하는 망국 백성들의 눈물의 의미를 새기려 합니다. ‘신앙구국’이라는 민족교회 슬로건에 공감합니다. 신앙구국에도 나서야 한다고 생각합니다.”

“훌륭한 목회 이상을 가지고 있구먼.”

주기철 목사는 손양원의 손을 굳게 잡아 주었다. 비록 학생과 교수로 첫 대면을 하였지만 만난 순간부터 그들은 동지애를 느끼고 의기상통했던 것이다. 그로부터 주기철 목사는 손양원을 각별히 사랑하고 가까이했다. 타관 땅에 와 자취하며 학교에 다니는 손양원에게 주 목사는 큰 힘이 되었다. 어느 날엔가 학교로 낯선 부인네 하나가 손양원을 찾아왔다.

“무슨 일로 절 찾아오셨지요?”

“날 모르시겠수? 난 부산 감만동 나환자 병원 교회에 다니는 나 권사라 합니다. 결혼하시고 처가 동네에 있는 옥열교회에 오셔서 설교하신 적 있지요?”

“아, 네에.”

“일이 있어 그 동네에 갔다가 우연히 전도사님 설교를 듣고 얼마나 큰 은혜를 받았던지 지금도 잊지 못하고 있답니다. 그런데 얘기를 들어 보니 성경학교에 다니고 계신다 해서 이렇게 직접 찾아온 겁니다.”

“아이구, 고맙습니다.”

“제가 전도사님 얘기를 하도 많이 하다 보니 사경회에 초청해 설교하게 했으면 좋겠다고 해서 왔으니 거절하지 마세요. 말씀 들으면 모든 환우들이 아예 우리 전도사님으로 모시자 할 테니까요.”

“저는 자격이 없습니다.”

이런 우연이 있을까. 다미안 신부의 책을 보고 목회자의 길을 가겠다고 다짐했는데 당장 일하라고 하나님이 명하신 곳이 한센병원이 있는 교회였던 것이다. 이건 우연이 아니고 필연이었다.

“오시겠죠?”

“예, 가겠습니다.”

손양원은 기쁘게 대답하고 부산 감만동에 있던 감만동 한센병원 교회에 가서 수요일 밤 예배 설교를 했다. 병원 시설도 변변치 않고 의사도 태부족한데 환자는 600명 정도나 되었고, 교회는 낡고 음울했다.

열정을 다해 설교하자 그 밤 참석한 200명 정도의 신도들이 완전히 깨어져서 두 손을 들고 일어나 눈물의 기도를 쏟았다. 감명을 받은 목사는 손양원에게 전도사 사역을 맡아 주기를 원했다.

교회에서는 내부에서 근무하는 전도사가 아닌 밖으로 다니며 전도하는 사역을 담당해 달라고 했다. 손양원은 흔쾌히 승낙했다. 사명을 받은 손양원은 이튿날부터 부지런히 돌아다니며 개척교회를 세웠다. 울산 방어진과 남창에 교회를 세웠고, 밀양 수산교회를 세웠으며, 부산 남부민동에도 작은 교회를 개척했다.

"대단하네. 아니, 가는 곳마다 새 교회를 세우다니, 자넨 무슨 마법산가?"

동기들이 모두 불가능 속에서 가능을 만들어 가는 손양원의 능력에 혀를 내둘렀다.

"왜 이래? 자네들도 하면 할 수 있는 일이야. 교회를 세우고 개척했다니 하루아침에 성전이 생겨나고 많은 신도가 생겨났다, 그렇게 생각하나 보지?"

"그럼?"

"가정교회를 만드는 걸세. 믿음이 깊고 신실한 신도를 전도하여 그 신도의 집을 거점으로 가정교회를 만드는 거야. 그 가정교회가 세포교회일세. 세포는 분열하지. 점점 커지고 불어나게 되네. 그 거점을 만드는 거야. 그걸 일러 교회개척이라 부르는 거지."

"자넨 사도 바울과 똑같은 사역을 담당하고 있구먼."

"어디다 감히 견주나? 나야 바울 사도의 한 쪽 신발만도 못한 걸."

동기들은 수리아 안디옥에서 전도 여행을 떠나 에베소 교회를 시작하여 서머나, 버가모, 두아디라, 사데, 빌라델비아, 라오디게아 등 초기 일곱 교회를 개척한 사도 바울의 사역을 양원의 사역과 비교하고 있었던 것이다.

손양원은 외부 전도에만 전념한 건 아니었다. 본 교회는 한센병원과 함께 있었다. 나환자들을 직접 상대해야 하는 간호조무사 일은 누구도 하지 않으려 했다. 조무사는 간호사를 도와 궂은일을 다해야 하는 직책이었다. 손양원은 외지로 나가지 않을 때는 기꺼이 조무사 일도 맡아 하고 교회 일도 열심히 도왔다.

마침내 손양원은 1929년 3월 6일 경남성경학교를 졸업하게 되었다. 그는 더더욱 성심을 다해 감만동교회에서 사역을 감당했다. 낮에는 병실을 돌며 환자들을 도왔고, 교회에 예배가 있을 때는 그들을 불러 모아 뜨거운 찬양과 기도를 드렸다. 원래부터 이 교회는 성령이 떠나 있었다. 특수한 교회이고 환자들도 특수한 사람들이고 보니 목사들도 이 교회에 와서 사역하기를 꺼린 것이다.

그러고 보니 교회는 계시록에 나오는 라오디게아 교회처럼 뜨겁지도 차지도 않은 신앙 모임체가 되어 있었다. 그러던 어느 날, 담임목사가 병원 일로 상경하는 바람에 며칠 공백 기간이 생겼다.

"주일 아침에 올 것 같습니다. 수요예배는 손 전도사님이 인도해 주시고, 만일 모르니까 금요 철야기도도 인도해 주십시오."

담임목사는 거의 일주일을 비우게 될지도 모른다며 손양원에게 예배 인도를 부탁했다.

"저는 전도사에 불과합니다. 어떻게 감히 강대상에 오르겠습니까? 선임 전도사가 계시잖습니까?"

"그분이 할 수 있으면 왜 손 전도사께 맡기겠소? 아직은 너무

서툴러서 그분에겐 예배 인도를 맡기기가 불안해서 그럽니다."

"저는 더한데요?"

"그보단 조금 나아서 그럽니다."

손양원은 어쩔 수 없음을 알고 "아멘" 했다. 그 자리에는 이상 찬 전도사도 있었지만 아무런 이의도 달지 않았다. 손양원이 겸 양하자 오히려 적임은 손 전도사라고 추천까지 했다. 담임목사가 상경하자마자 양원은 이 전도사와 상의를 했다.

"저는 강대상에 오를 자격이 없는 사람입니다. 그럼에도 제가 예배를 인도해야 한다면 하겠습니다만 오늘부터 일주일간 성경공 부하는 시간으로 대체할까 합니다."

"성경공부요?"

"성도님들께 제일 약한 부분이 성경 같아요. 성경 속에서 믿음 을 찾아야 하는데 모두 멀리하고 있는 것 같아 경성(警醒)을 주고 성경과 친해지는 시간을 갖게 하는 게 중요하겠다는 생각입니다. 여러분은 어떠신지요?"

"좋으신 생각입니다만 아까 말씀 중에 일주일이라 하신 것 같 은데? 매일 하잔 말인가요?"

"예, 한 주일만 매일 밤 해보렵니다."

"사경회도 아닌데 매일 밤 해요?"

전도사가 고개를 흔들자 같이 있던 집사들이 그냥 하자 했다.

"좋습니다. 그럼 단 몇 분이 오더라도 오늘 저녁부터 시작해 보 겠습니다."

손양원은 그날 저녁부터 성경공부라 하여 집회를 열었다. 신도는 20명 정도가 참석했다.

"오늘 밤부터 한 주일 동안 여러 성도님들은 저와 함께 하나님의 말씀을 공부하도록 하겠습니다. 그리스도인이라면 성경에 대해서는 누구든 잘 알고 있다고 말들 하지만 막상 무엇을 얼마나 알고 있는가 물으면 코끼리 다리 만지고 전체를 얘기하는 것처럼 잘 모르는 것이 성경 내용입니다. 도대체 성경은 무엇인가? 하나님께서는 예수님이 이 땅에 오시기 전 우리에게 어떤 약속[舊約]을 하셨으며, 그 약속은 예수님이 오셔서 어떻게 하나하나 이루어졌고, 새로운 약속[新約]은 무엇 때문에 왜 하게 되었으며, 그 약속의 내용은 무엇이며 언제쯤 이루어질까. 이 모든 것을 한 주일 안에 공부하렵니다. 주마간산이겠지만 이 공부를 계기 삼아 주님의 은혜 속에서 크게 믿음이 성장하시기 바랍니다."

첫날부터 손양원의 설교를 들은 성도들은 감동 감화를 받아 자리를 뜰 줄 모르고 기도했다. 그 소문이 나자 방치 상태에 있던 병원 내의 환자들이 뜨거운 관심을 보였다. 예배당 안은 2,3일 새 입추의 여지없이 들어찼다.

성경공부라 했지만 손양원은 당시 서울에서 발행되던 기독 잡지 〈성서조선〉의 기사 내용을 기초로 하여 설교했는데, 날마다 부흥회를 이어 가는 것처럼 뜨거웠다. 비록 31세밖에 되지 않은 청년 전도사였지만 그가 토해 내는 하나님의 말씀은 모든 성도들의 가슴을 성령으로 감싸며 충만하게 만들었다.

이때 받은 은혜가 얼마나 컸던지 감만동교회 성도 문신활은 〈성서조선〉 발행인 김교신에게 이런 편지를 썼다.

1932년. 감만동교회에서 손양원 전도사님은 〈성서조선〉 잡지를 가지고 사경공부처럼 일주일간 설교한 일이 있습니다. 그래서 비로소 그때로부터 부산 감만동 나병원 안에도 복음의 꽃송이들이 드문드문 피게 되었지요. 암흑에 잠겨 있던 감만동교회는 광명을 맞이하게 되었지요. 곪아 있던 생명들이 생생하게 소리를 쳤더이다.

아! 모든 법과 의식에 결박되어 고통과 번민으로 아무런 뜻도 없이 예수를 믿어 온 저는 비로소 자라나는 생명의 참진리로 해방이 되어 한없는 희열이 넘치고 있습니다. 뭇 생명들이 그처럼 자비스럽게 해방을 맞아 가던 중도에 불행하게도 교회 제직 몇 사람의 시기로 인하여 손양원 전도사님은 감만동교회 일을 못 하게 되었습니다.

성도 문신활의 편지 내용처럼 암흑에 잠겨 버려졌던 감만동 한센병원에 복음의 꽃망울들이 맺히게 해준 사람은 그 교회 목사님도 아닌 청년 손양원 전도사였던 것이다. 그런데 한 주일 동안의 성경공부가 끝나고 손 전도사가 당회에서 징계를 받는 어처구니없는 일이 발생했다.

담임목사는 손 전도사를 만나자고 했다.

"나한테는 숨김없이 정직하게 말씀해 주시오. 안 그러면 전도사님을 보호해 드릴 수 없으니까요."

"무슨 일로 그러시는지 전 모르겠습니다."

"내가 서울에서 돌아오기 전날 밤까지 날마다 사경 부흥회를 했다던데 사실입니까?"

"죄송합니다만 그건 사경회가 아니라 성경공부였습니다."

"혼자서 계속 설교를 하셨다고 하던데요?"

"하나님 말씀을 강대상에서 대언했다면 설교라 할 수 있겠지요. 그렇게 생각하면 매일 설교를 했다고 볼 수도 있습니다."

"모두 손 전도사님이 월권을 했다고 비난하고 나섰습니다."

"월권이라니요?"

"이 전도사는 분명히 말씀드렸다 하던데요? 매일매일 계속하는 건 사경회나 마찬가지니 하지 말라고요?"

"아주 반대는 하지 않았습니다."

"내가 분명 수요예배와 금요 철야기도만 인도해 달라 부탁하는 걸 옆에서 들었고 그러겠다고 전도사님이 대답하는 것도 들었는데 누구한테도 상의하지 않고 사경회를 했다는 것입니다."

"그런 오해가 있었다면 죄송합니다."

"사경회 개최는 당회에서 결정해야 하고 사경회 강사는 아무나 하는 게 아니라는 것쯤은 아실 텐데?"

"죄송합니다."

그제야 사태 파악이 대충 되었다. 전도사가 집사들 일부를 부추거 성경공부를 문제 삼아 손양원 전도사를 징계해야 한다고 모의했던 것이다. 손양원에 대한 시기였다.

"제 문제로 당회까지 여실 필요는 없습니다. 제 잘못이라면 제가 교회를 떠나겠습니다."

"그렇게까지 비약하실 필요는 없구……."

담임목사는 만류하려 했지만 손양원은 그동안 고마웠다며 미련 없이 감만동교회를 그만두었다. 그만둔 사실이 알려지면 병원 환자들이 시끄럽게 하지 않을까 하여 그는 특별히 부탁했다.

"내일부터 그만두겠습니다. 그리고 떠나겠습니다. 그만두었다는 사실은 당분간 밝히지 말아 주십시오. 원래 제가 맡은 일이 외부 전도이니 전도차 밖에 나가 있다고 해주시면 고맙겠습니다. 시일이 좀 흐른 뒤에 자연스럽게 그만둔 걸 알게 해주십시오."

감만동교회를 소리 없이 그만둔 손양원은 남부민동교회로 적을 옮겼다. 그 교회는 손양원이 외부 전도사로 다니며 개척한 교회였다. 처음에는 가정집에서 여섯 명이 시작했지만 지금은 허름하기는 하지만 작은 창고를 개조해서 예배당으로 쓰고 있었다.

남부민동교회에서 다시 열심히 사역을 시작했으나 뭔가 한쪽이 텅 빈 것 같은 부족함을 느꼈다. 목사가 되어 봉사하는 것과 평범한 부교역자로 봉사하는 건 엄청나게 달랐던 것이다. 손양원은 주기철 목사를 찾아갔다. 흉금을 터놓고 상의해 볼 스승이나 선배는 주 목사밖에 없었던 것이다.

주 목사는 양원을 가르친 교수였지만 졸업하고 나서는 의형제

처럼 가까운 사이로 지냈다. 주 목사는 양원보다 5세 연장이었는
데 선생님, 선생님 하자 사이가 너무 멀어 보인다며 형님이라 부르
라고 파격적인 제안을 했다. 그때부터 손양원은 조심스럽게 형님
으로 모시며 가까이하게 되었다.

"어서 오게. 왜 그렇게 얼굴 표정이 어두우신가?"

주 목사가 반갑게 맞아 주었다.

"감만동교회를 그만두었습니다."

"왜?"

손양원은 그동안 있었던 교회 안에서의 갈등을 얘기하고 그 때
문에 그만두었다고 했다.

"그런 일이 있었구먼. 하나님의 뜻일세. 아우는 역시 목사로 살
아가야 할 하나님의 부르심이 있는 거야. 어떤가, 공부를 계속해
볼 의향은 있나?"

"신학교를 가고 싶습니다."

"공부하는 거야 자네 취미니 걱정이 안 되지만 부인도 있고
가정도 있는 몸인데 생활은 팽개치고 학업에 정진해야 한다는
게……. 대책이 있어야 할 터인데?"

"아내는 고향 집에서 부모님 모시고 농사를 짓고 있으니 다행히
큰 걱정은 덜 수 있습니다."

"그럼 용기를 내보게. 평양신학교로 가게."

"고맙습니다, 형님."

주기철 목사의 추천에 따라 당대 최고의 신학교인 평양신학교

로 진학을 결정했다. 평양신학교는 전국 유일의 정규 신학교였고, 새로운 영적 각성운동의 요람이었다. 1907년 1월 2일부터 평양 장대현교회에서 열린 '남자사경회'는 원산 부흥회에서 일어난 성령의 불이 세차게 휘몰아친 대부흥운동의 횃불이 되었다.

이 부흥운동의 횃불은 전국 각처로 옮겨붙어 타오르게 되었으며, 1900년에 7,500명에 불과했던 세례교인이 1910년에는 119,273명으로 불어나는 폭발적인 부흥이 일어났다. 그 부흥의 불길을 이어 가는 새 세대 지도자들이 나타나기 시작한 건 그때였다.

평양신학교가 제1회 졸업생으로 일곱 명의 목사를 탄생시켰는데, 바로 그들이었다. 그중에는 길선주 목사, 이기풍 목사 등이 있었고, 특히 길선주 목사는 후대의 후배들에게 한국의 빌리 그레이엄 목사로 칭송받을 만큼 한국의 영적 각성 부흥운동의 기수가 되었다. 그 정신은 주기철 목사에게 이어지고 손양원 목사에게까지 연면히 이어지게 되었다.

6. 소독복 필요 없는 사경회

1935년 4월 5일. 손양원은 평양으로 가서 평양신학교에 입학하게 되었다. 그해에는 조선을 병탄한 일제가 식민지화를 가속화하려고 혈안이 되기 시작할 때였다. 그들이 내건 슬로건은 '황국신민화'와 '동조동근론', '내선일체론'이었다.

조선 사람과 일본인은 조상이 같으며 뿌리가 같으니 똑같은 황국 백성이다, 그러므로 일본과 조선은 한 몸이다. 이것이 허울 좋은 내선일체론이었다. 조선병탄을 합법화하고 조선인들을 세뇌하기 위해 강조한 일본 군부의 전략이었다.

일본 군부의 자만심은 하늘 높은 줄 모르고 치솟아 있었다. 청일전쟁과 러일전쟁에서 이겼으며, 조선을 집어 먹고 만주까지 삼켜 중일전쟁까지 일으켜 중국의 요지를 점령하고 있었다.

조선총독부는 거기에 부응해서 1925년 서울 남산에 이른바

'조선 신궁'이란 신전을 건축했다. 일본의 시조라는 천조대신(天照大神)을 모시고 일본 황실의 조상을 신으로 하여 역대 전쟁영웅과 전몰장병들을 기리는 신사가 조선 신궁이었다.

그로부터 신궁과 신사는 전국 각처 어디든 만들어지고, 일제는 신사참배를 강요하기 시작했다. 이 신사참배 강요는 당장 기독교계에는 태풍의 눈이 되었다. 그건 십계명 중 "너는 나 외에는 다른 신들을 네게 있게 말지니라"라는, 우상숭배를 금한 제1계명을 어기는 것이기 때문이었다.

일제는 초·중·고, 대학은 물론이고 각 종교 단체에도 의무적인 신사참배 명령을 하달하고 지키라 했다. 장로교 총회가 열리고 대책을 논의했지만 해결 방법이 없었다. 그러다 탄원서를 총독부에 올리기로 했다.

'기독교의 신은 오직 여호와 한 분이다. 그 유일신 외의 신을 믿는 것은 우상숭배라 하여 용납하지 않는다. 그리스도 교인들은 신사참배의 의무에서 면제해 주기 바란다'고 서면으로 청했다. 그러나 답은 간단했다. 신사참배에서만은 어떤 경우라도 불참을 용납하지 않을 것이며 이는 신성불가침으로 처벌당할 것이라는 답신이었다.

손양원이 평양신학교에 들어가던 그 시절은 그토록 일본 군국주의의 폭력이 교회의 목을 조르기 시작하던 때였다. 손양원은 신학교에 다니며 대동강변 능라도교회 전도사로 시무하게 되었다.

일제의 신사참배 강요는 신학교 안에까지 미쳐 학생들은 매일 불안한 수업을 계속해야 했다. 급기야 총독부는 학교와 교회를 굴복시키기 위해 각 도 지사에게 교장회의를 열어 신사참배 시행을 결의하고 결과를 보고하라는 공문을 내려 보냈다.

평안남도 지사도 각급 학교 교장실에 공문을 보내 도내 교장회의를 개최한다고 통보했다. 도지사는 회의 전 미리 손을 써야 한다고 생각했다. 회의에서 전혀 엉뚱한 결론이 나거나 불온한 결의가 나오면 자신의 자리가 무사치 못하리란 판단 아래 사전에 교장들을 불러 의견을 조율하기로 했다.

평안남도 도내의 교장들이 모두 모이자 도지사는 총독부의 지시 내용을 거론하며 의견을 통일해 달라고 강요하듯 말했다.

"이건 미나미 조선 총독 각하의 특명입니다. '모든 학교 학생들은 신사참배를 해야 한다. 이건 황국신민의 의무이다. 이 의무를 다하지 않으면 엄중한 처벌을 받아야 할 것이다.' 부연해서 설명드리자면, 신사참배를 거부하거나 기피하는 교장은 즉시 파면하고 학생 역시 퇴학 처분하며, 학교 또한 폐교 조치 한다고 되어 있습니다. 내가 공식적인 전체 회의에 앞서 여러분을 모신 것은, 그런 불행한 사태나 결과를 피하고 총독부의 지시대로 따르겠다는 의사 표시를 만장일치로 해주십사 하는 뜻에서입니다."

그 자리에 참석한 각급 학교 교장은 20여 명이었다. 도지사는 회의 진행을 위해 임시의장을 자신이 뽑았다. 친일 색채가 있던 대동군의 보통학교 교장 정연수였다. 의장을 맡은 정 교장은 총독부의 지시대로 신사참배를 만장일치로 결의하자고 제안했다.

"신사참배를 누가 반대하겠습니까? 황국신민의 위대한 의무입니다. 이 문제에 대해 의견 있으신 분은 말씀해 주십시오."

정 교장이 장내를 둘러보았다. 모든 교장은 침통한 얼굴로 침묵을 지키고 있었다.

"없으십니까?"

"……."

"좋습니다. 그럼 찬반을 거수로 묻겠습니다. 찬성이신 분 거수해 주십시오."

서로 눈치를 보던 교장들은 한 명 두 명 손을 들었다. 20명 가운데 세 사람이 손을 들지 않고 있었다. 그 세 사람은 벽안의 미국인이었다. 두 사람은 남자고 한 사람은 여자였다.

"거기 세 분은 반대십니까?"

의장이 묻자 미국인 남자가 큰 소리로 대답했다.

"반대합니다."

"또 한 분은?"

"나도 반대입니다."

"여성 분은?"

"반대합니다."

미국 여성도 반대라 했다.

"남자 분! 어느 학교 누구신지 말씀해 주시지요."

"내 이름은 조지 맥퀸이며 한국 이름은 윤산온이고 숭실전문학교와 숭실중학교의 교장 직을 맡고 있습니다.”

“여자 분은 어느 학교지요?”

“숭의여학교 교장 스누크 선교사입니다.”

“또 한 분은 누구시지요?”

“평양신학교 교장 로버츠 목사입니다. 한국 이름은 나부열입니다.”

“반대 이유가 무엇이지요?”

“우리 예수교는 여호와 유일신을 모시고 있습니다. 그 외 다른 신을 모시면 안 된다는 게 우리 신도들이 지켜야 하는 십계명 중 첫째 계명에 들어 있기 때문입니다. 신사는 우상입니다. 우상에 절할 수는 없습니다.”

나부열 교장이 말을 마치자 장내는 얼어붙은 듯 찬바람이 불었다. 도지사의 표정은 붉으락푸르락 가관이었다. 이윽고 화를 내며 도지사가 힐난하듯 말했다.

“외국인이라 해도 일본 국민과 똑같은 대우를 받는다는 걸 명심하시오. 치외법권은 외교관만 적용될 뿐, 그 외 외국인은 국내법이 적용된다는 걸 아시오. 교장 본회의는 다음 주 화요일에 합니다. 그때까지 답을 하시오. 그때도 반대한다면 그땐 당신 세 사람은 교장 직을 사임해야 하며, 평양신학교는 폐교될 것이고, 숭실학교 역시 남녀 학교를 불문하고 폐교 조치를 당할 것입니다. 그런 불행한 사태가 오지 않도록 알아서 하시오.”

협박이었다. 도지사는 그다음 주 본회의를 열려고 했지만 만장일치 찬성을 얻어 내지 못한 채 총독부에 보고했다가는 어떤 날 벼락이 떨어질지 몰라 어떤 방법으로든 기독교계 학교장들을 회유하여 찬성을 받아 내라고 국장들을 다그쳤다.

그쯤 되자 숭실학교와 평양신학교에서는 좀더 시간을 달라는 공문을 보내 왔다.

"이렇게 중대한 사안은 본 학교 단독으로 결정할 수 없는 일입니다. 교계의 자문을 받아 결론을 내려야 합니다."

결국 도에서도 참배 문제의 만장일치를 끌어내는 일은 어렵다는 걸 알고 일단 기독교계 학교만 제외하고 총독부에 보고했다. 도지사는 학교 문제보다 교계 문제가 먼저 해결돼야 한다는 보고서를 올렸다. 교회가 찬성해야 한다는 것이다. 그리되니 일단 그 문제는 시일을 두고 강온(強穩) 양면전으로 해결하라는 지시가 내려왔다. 손양원이 다니던 평양신학교 안에서도 신사참배 문제는 뜨거운 감자로 떠올랐다.

학교뿐 아니라 모든 학생은 신사참배를 당연히 거부해야 한다는 여론이었다. 긴장 속에서 손양원은 2학년이 되었다. 때마침 마산 문창교회에서 시무하던 주기철 목사가 평양 산정현교회의 청빙을 받아 부임하게 되었다.

평양 산정현교회는 장대현교회와 쌍벽을 이루며 한국 초대교회의 영적 본향으로 불리는 큰 교회였다. 주기철 목사를 그런 산정현교회에 청빙하기 위해 마산에 내려온 사람은 평북 오산학교 은사인 고당 조만식 선생이었다.

문창교회 성도들은 주 목사를 내놓지 않으려 했다. 조만식은 간곡한 말로 성도들을 설득하고는 먼저 평양으로 돌아갔다.

"산정현교회가 지금 어떤 어려움에 처해 있는지 아시면 주기철 목사님을 보내 줘야겠다는 생각을 하실 것입니다. 그토록 성령이 충만하던 산정현교회는 최근 들어 내분이 생겨 급격히 믿음이 떨어지고 있습니다. 게다가 당국이 신사참배를 강요하기 시작하여 설상가상입니다. 교회가 하나로 뭉쳐져 있다면 어떤 환난이나 핍박도 이길 수 있지만 그렇지 못할 때는 비 온 뒤 토담 무너지듯 무너집니다. 문창교회는 탄탄합니다. 산정현교회의 어려움을 풀어 줄 지도자는 주기철 목사밖에 없습니다. 깊이 고심해 주십시오."

조만식 선생은 조선이 기대하는 민족 지도자 중 한 사람이었다. 그의 간곡한 당부를 듣고 문창교회에서는 주기철 목사를 보내 주기로 했다. 당시 평양에 있던 민족진영 지도자들이나 교회는 위기감이 일고 있다는 걸 느끼고 불안해했다. 신사참배 문제가 더 극성을 부리게 되면 그에 맞서 싸워야 하는데, 교회가 하나 되지 못하고 분열 양상을 보인다면 맞서기 전 패하고 좌절하리라 생각했다. 조만식이 직접 마산으로 온 것만 보아도 그 심각성을 알 만했다.

"이런 때일수록 주기철 목사 같은 젊고 유능한 지도자가 교회를 지켜야만 합니다."

평양 시내의 뜻있는 사람들의 한결같은 의견이었다. 주기철 목사가 산정현교회로 오자 손양원은 누구보다 기뻐했다. 자신의 영적 후견인이 바로 곁에 있다는 것은 커다란 용기와 희망을 주기 때문이었다.

평양신학교를 다니던 손양원은 그야말로 학비 조달과 생활비에 쪼달리면서도 열심히 공부를 계속했다. 이제 1년만 더 다니면 졸업하게 되고 소원이던 목사 안수도 받을 수 있었다. 고생을 이겨 나가는 데는 고향에 있던 아내와 아들을 비롯한 가족들이 큰 힘이 되었다. 손양원은 고향에 있는 아내에게 편지를 썼다.

사랑하는 양순 씨에게

살같이 빠른 세월은 덧없이 흘러 한 해를 넘기고 당신의 나이도 벌써 30 고개, 인생의 제1기라는 한 막을 다 살고 31세란 제2기를 걷는 이때를 감(感)하고 보니 옛 소리를 하게 되는구려.

벌써 당신이 내 집에 온 지도 10년을 훌쩍 지났고 그동안 무한의 파도와 험난한 고생도 다 넘기고 무수한 풍파도 다 겪으며 살게 하니 미안하오. 내년이면 벌써 나도 이 학교를 졸업하게 되겠지요.

당신도 내년부터는 손 목사의 부인이시니 미리 기도 많이 하고 준비하시고 잘 각오하소서. 우리 함께 이상적인 부부로 삽시다. 신앙의 부부, 믿음으로 화평하고 뜻 맞춰 살면 세상의 부귀영화 누리고 죄악과 불평으로 사는 것보다 하루를 살아도 진리와 기쁨의 생활을 꾸리는 가정이니 얼마나 기쁘겠소.

그리 살면 내세에 더욱 많은 복을 받겠지요. 가령 이 세상과 내세에 복이 없다 할지라도 하나님 뜻대로 살아야 하고 사람답게 살아야 마땅하지 않을까요? 우리는 진리로 새워진 가정을 꾸리고 진리로 배부르며 의로써 만족하게 되나이다. 나는 당신에게 만족은 못 주나 진리로 만족시키고자 합니다.

혼자 계신 아버지께 좋은 말로 위로 많이 해드리고 이야기도 종종 건네며 기쁘게 해주소서. 믿음으로 소망과 위로를 드리소서.

1937년 평양에서

손양원은 불의와 타협을 모르는, 대쪽같이 강인한 성품이었지만 인정 많고 따뜻한 마음과 자상함을 지니고 있었다. 평생의 반려자가 되어 온갖 고생을 하며 내조를 아끼지 않은 아내에 대한 사랑은 주변 사람들의 부러움을 사기에 충분했다.

2학년 여름방학이 되자 학교 교무실로 누군가 손양원을 찾아왔다는 전갈이 있었다. 가서 만나 보니 40세 정도 되어 보이는 남자인데 언뜻 보아도 농사꾼 모습이었다.

"절 찾아오신 분이……."

"손양원 전도사님이신가요?"

"예, 그렇습니다만."

"저는 전라도 남쪽 여수 애양원교회에서 온 이 집사라 합니다."

"그러세요? 웬일로 절 찾아오셨는지요?"

"부산 감만동교회 병원에 있던 박치우라는 의사 선생님을 아시
는지 모르겠습니다."

"예, 알다마다요. 그 교회에 있을 때 가깝게 지낸 분이신데요."

"그분이 우리 여수 애양원교회 병원에 오셔서 근무 중입니다."

"그래요? 애양원도 나환자 병원이지요?"

"예, 이달 스무하루부터 나흘 동안 사경회가 열립니다. 박 선생
님이 목사님과 상의를 하시고, 사경회 강사는 손양원 전도사가
적임이니 꼭 모시자 해서 제가 먼 길을 왔습니다."

"사경회 강사요?"

손양원은 깜짝 놀랐다.

"왜 그렇게 놀라십니까?"

"전, 전도사 사역은 하고 있지만 아직 학생입니다. 자격도 없는
저를 강사로 부르신다니 어불성설이어서 그럽니다. 훌륭하신 목
사님들이 많은데 왜 하필 저지요?"

"저두 잘 모르겠습니다만 몇 년 전 박 선생님이 감만동교회에
서 손 전도사님 설교를 듣고 크게 은혜를 받으셨다고 천거하신
것 같아요."

"하지만…… 좀 생각해 봐야겠습니다."

"생각하실 시간이 없습니다. 저는 내일 새벽에 바로 여수로 가
야 합니다. 남쪽 끝에서 북쪽 끝까지 불원천리한 사람도 생각해
주셔야지요."

그러자 동석했던 교무처장이 거들었다.

"아멘 하시게. 그야말로 영광 아닌가? 손 전도사의 자랑이고 우리 평양신학교의 자랑이 될 수도 있구먼. 이제 방학도 되고 했으니 마침 잘된 일 아닌가?"

"예, 알겠습니다."

손양원은 승낙했다. 그러고는 다니고 있던 능라도교회 기도실을 찾아가 하나님께 기도드렸다.

"감사합니다. 저에게 베풀어 주신 은혜 감사합니다. 미거한 저를 들어 쓰시기 위해 미리 예비하신 줄 압니다. 하와이 몰로카이 섬의 나환자촌에서 일생을 바치며 주님의 사랑을 실천한 다미안 신부의 모습을 저에게 보여 주실 때부터 제가 가야 할 길을 알았습니다. 어쩌면 부산 감만동 나환자 병원 교회로 가서 봉사하라시는 주님의 뜻도 헤아릴 수 있었습니다만 이번에 다시 여수 애양원 나병원 교회에 보내심은 저의 앞길을 여시고 저를 연단하시는 과정으로 생각해도 될는지요? 하나님 뜻에 순종하겠나이다."

하나님이 하시는 일은 정말 놀랍다는 것을 양원은 새삼스럽게 느끼고 있었다. 다미안 신부의 희생을 보여 주고 연이어 자신을 나환자 병원 쪽으로 파송하시는 것은 분명 뭔가 자신에게 부여하시는 사명이 있다는 예표 같았던 것이다.

방학이라 해도 사역하고 있던 능라도교회를 여러 날 비울 수는 없었다. 고향 집에 갔다가 사경일에 맞춰 여수로 가려 했으나 그만두기로 했다. 교회를 지키다가 사경회 하루 전에 가기로 마음먹었다.

이윽고 약속한 날이 되어 손양원은 여수 애양원 병원 교회에 도착했다.

"손 전도사님! 오랜만입니다."

반갑게 맞아 준 사람은 의사 박치우였다. 그는 부산 감만동 병원에 근무하던 내과의였다.

"어느 날부터 안 보이셔서 외지 전도로 바쁘신 모양이구나 했지요. 그만두신 걸 안 것은 오륙 개월 지나서였습니다. 말씀도 없이 관둬서 섭섭했습니다. 그건 나뿐 아니고 병원에 있던 환자들 모두 같은 마음이었지요. 사회로부터 소외된 그분들에게 복음의 빛을 주신 분은 손 전도사님이 아니었습니까?"

"몸 둘 바를 모르겠습니다. 과찬이십니다."

"신학교에 가셨다는 것도 나중에야 알았지요. 잘 오셨습니다. 환우들에게 믿음과 소망을 주십시오."

"어깨가 무겁습니다."

"중압감은 가지실 필요 없습니다. 난 한 달 후면 일본 가나자와에 있는 현립병원으로 갑니다. 가기 전에 전도사님의 설교 말씀을 다시 듣게 되어 감사한 마음입니다."

손양원은 사경회 주강사로 나서게 되었다. 밤에만 4일간 한다고 광고가 되어 있었다. 그러나 양원은 목사님과 장로님들을 만나 제안했다.

"나흘간 하면서 저녁 한 번씩만 집회를 하게 되면 맥이 좀 빠질 것 같습니다. 하루 이 회씩 하면 어떻겠습니까?"

“하루 이 회라면?”

“새벽 그리고 저녁이지요.”

“허! 하루 온종일 하자는 말씀이군?”

“그런 셈입니다.”

목사님과 장로님들은 잠시 말문을 열지 못했다. 하루 두 번 예배를 보며 연속 나흘간을 하겠다니 부담이 갔던 것이다.

“교역자님들이 고단하겠지요?”

“아닙니다. 강사 전도사님이야 젊으시니 견디겠지만 고단한 것은 신도들이지요. 알다시피 환자들은 양성과 음성이 있습니다. 음성은 다 나은 분들이지요. 신도들은 거의 그분들입니다. 환자들이 버텨 낼지…….”

목사님이 고개를 갸웃거렸다.

“그만둘까요?”

“고단하더라도 그렇게 하여 성령의 불이 임한다면 하는 것도 좋지 않을까요?”

집사들이 우겼다. 중직들은 마지못해 그러자 했다. 손양원은 그동안 준비해 온 설교 자료들을 정리하면서 하나님이 한번 주신 이 기회를 최대한 살리기 위해서는 예배예배마다 신명을 다 바쳐야 한다고 마음속으로 다짐했다.

‘첫날이 제일 중요하다. 첫날 새벽예배에서 불을 붙이지 못하면 생솔가지에 피어나는 연기처럼 연기만 내다가 끝날지도 모른다. 최선을 다하자.’

새벽에 나온 신도는 스무 명이 채 되지 않았다. 목양실에서 기도를 끝내고 대기하자 박치우가 간호사와 방 안으로 들어왔다.

"예배당에 들어가려면 이 소독복을 입고 장갑을 끼시지요."

흰 가운 한 벌과 장갑을 꺼내 놓았다.

"병원도 아닌데요?"

"신도들 중엔 양성 환자들도 있습니다. 전염을 염두에 두셔야 합니다. 외부에서 오시는 분은 누구나 소독복을 입습니다."

"알겠습니다."

"그럼."

두 사람이 나갔다.

"허!"

예배당 안의 신도들은 강대상에 올라오는 강사를 보고 모두 놀라서 입을 다물지 못했다. 손양원은 소독복을 입지도, 장갑을 끼지도 않은 채 성경책만 들고 들어왔다. 신도들은 지금까지 그런 강사를 보지 못했던 것이다.

뒤이어 목사님이 강대상에 오르자 여집사 하나가 소독복과 장갑을 가지고 와 전했다. 목사님이 손양원에게 다가가 옷을 내밀며 소근거렸다. 깜빡 잊고 안 입은 채 올라온 줄 안 모양이었다. 그러자 손양원은 손을 흔들었다.

"아닙니다. 필요 없습니다. 두렵지 않습니다. 그냥 하겠습니다."

손양원은 옷과 장갑을 받아 강대상 뒤 의자에 올려놓고는 무릎을 꿇고 기도했다. 종이 울리고 새벽 사경회 예배의 시작을 알렸다. 이윽고 담임목사님이 손양원 전도사를 소개했다. 목사님 대신 강대상 중앙에 서서 인사하자 장내는 환호성이 일었다. 설교도 하기 전에 신도들이 감격했던 것이다.

이곳 병원에 오거나 교회에 오는 사람들은 병이 전염될까 무서워 환자들 주위를 피하고 소독복은 필히 입고 장갑을 끼고 설교하는 게 예사인데 이 젊은 전도사는 전혀 개의치 않고 병이 옮으려면 옮아 보란 식으로 당당하게 마주 섰던 것이다.

환자들은 이 강사에게서 늘 자기들과 함께 생활해 온 것 같은 친밀감을 느꼈다. 게다가 손양원의 열정에 찬 설교가 한 시간 두 시간 이어지자 신도들은 감동을 받아 자리에서 꼼짝하지 않고 아침 식사도 잊을 만큼 예배에 빠져들었다. 낮 시간이 되자 벌써 소문이 났던지 500명가량이 성전 안을 꽉 메웠다. 낮 예배는 없었지만 성도들은 낮에도 기도회를 열었고 성령이 더 뜨거워져서 철야예배로 이어졌다.

사경회는 대성공이었다. 그가 집회를 마치고 떠날 때 신도들과 환자들은 예배당 마당에 모여 눈물로 배웅하고 순천 시내까지 따라 나오며 헤어짐을 아쉬워했다. 나흘간의 사경회 내내 양원은 설교에 모든 열정을 쏟아 냈다. 하나님은 그 열정을 보시고 많은 기사(奇事)와 간증거리를 나타내 주셨다.

7. 다시 찾은 애양원

교회에 신사참배를 강요하는 일제의 탄압은 더 심해졌다. 양원의 졸업이 몇 달 남지 않았을 무렵, 당국은 참배를 거부한다는 이유로 평양신학교를 폐교 조치하려 했다. 학생들은 거의 매일 모여서 참배를 강요하는 일제의 만행을 규탄하며 어떤 경우라도 거부해야 한다며 성토했다. 그날도 학생들은 예배실에 모여 앞으로의 대책을 논의했다.

"당국이 우리 신학교를 폐교하려고 합니다. 그건 단순한 협박이 아닌 것 같습니다. 이 난관을 어떻게 극복해야 할지 논의해 봅시다."

졸업반 학생 중에서 대표가 등단하여 회의를 진행했다.

"우리끼리 논의하는 것보다 선배님들을 모셔서 말씀을 들어 보는 게 어떻겠습니까?"

"선배라면 어느 분을 얘기하는 거지요?"

"산정현교회 주기철 목사님이 계시지 않습니까? 그분을 모셔다가 말씀을 들어 보십시다. 그분의 의견에 따르는 게 좋겠습니다."

"모두 같은 생각, 동일한 의견이십니까?"

"예."

기다렸다는 듯이 전원 대답했다.

"주 목사님을 누가 모셔 내지요?"

"……."

일순 조용해지며 서로의 눈치를 보았다. 그때였다. 자리에서 조용히 일어선 학생이 있었다. 자그마한 키에 작은 체구의 학생이었다. 그는 졸업반인 손양원이었다.

"내가 모셔 오도록 하겠습니다."

"아, 그러고 보니 손 전도사께서 주기철 목사님과 평소 친분이 있었지요. 잘되었습니다. 손양원 전도사에게 맡깁시다."

손양원은 곧 산정현교회로 주기철 목사를 만나러 갔다. 신학교 학생들 모두가 주 목사의 권면을 듣고 따르기로 했으니 와서 좋은 말씀 해주셔야 할 것 같다고 청했다.

"후배들이 만나자는데 안 가면 안 되지. 내일 아침 열 시에 가겠다고 전하게."

"그렇게 빨리요?"

"빠르기는. 시간이 없네. 한시라도 빨리 지금 우리 조선의 교회들이 얼마나 큰 위기인가를 알려야 해."

이튿날 아침, 주기철 목사는 자신의 모교 평양신학교에 들어섰다. 학생들이 예배실로 뜨겁게 맞아들였다. 주 목사가 강단에 서자 장내는 아연 긴장감이 돌았다. 주 목사의 인사가 끝나자 저학년 학생 하나가 손들고 일어서서 큰 소리로 물었다.

"신사참배를 거부해야 한다는 평소의 신념을 지키시는 목사님을 존경합니다. 목사님 같으신 분도 있는데 나 외에 다른 신을 섬기면 우상숭배이니 안 된다는 십계명을, 그것도 목사님들이 어기고 신사참배를 결의했습니다. 평북노회의 목사님들이 한 짓입니다. 평북노회의 친일 배교 문제를 어떻게 생각하십니까?"

"나도 가슴 아픈 치욕으로 생각합니다. 나는 오늘 '일사각오(一死覺悟)의 신앙'이란 제목으로 제군들에게 순교자의 길을 가자고 설교하러 왔습니다. 일사각오! 한 번 죽지 두 번 죽습니까! 그런 각오로 참된 그리스도의 신앙과 순결을 지켜야만 합니다."

주기철 목사는 후배들 앞에서 일제의 만행을 규탄하고 눈앞에 닥친 환난을 극복하지 못해 무릎을 꿇는 바리새인 같은 목사들이 있다는 것은 서글픈 일이며 후세 역사가 그냥 두지 않을 것임을 경고했다. 그러면서 신앙의 순결을 지키기 위해 모두 순교자가 되자며 사자후를 토했다. 한 시간 넘는 주 목사의 설교가 끝나자 학생들은 주 목사의 선창에 따라 결의를 다졌다.

첫째, 신사참배는 제1계명을 범하는 우상숭배이므로 철저하게 배격하자.

둘째, 신사참배를 종용하는 목사나 신도들은 공개 제명하고 출교해야 한다.

셋째, 신사참배를 거부한 동지들은 상부상조해야 하며 동지 규합에 나서야 한다.

집회가 끝나자 흥분한 학생들이 운동장으로 몰려 나가 도끼를 들고 평북노회장 김일선 목사의 졸업 기념 식수를 수십 번 찍어서 넘어뜨렸다. 학생들이 환호했다.

한편 일제는 신사참배를 강요하기 위해 강온 정책을 폈다. 이른바 당근과 채찍 정책이었다. 신사참배는 종교 행사가 아니며 진충보국(盡忠報國)을 위한 애국적 국민의식이므로 기독교에서도 이해하고 협조해야 한다고 했다. 이것이 당근이었다. 그처럼 종교와는 무관하다는 그 회유책을 받아들인 교단은 감리교와 성결교, 침례교회였다. 장로교 교단만은 끝까지 뜻을 굽히지 않고 참배를 거부하고 있었다. 그런데 교회보다는 학교가 약자였다. 당국은 그 보복으로 먼저 장로교 계열 학교를 폐교하도록 강요했다. 견디지 못한 학교들은 1937년 9월에 이르러 강제 폐교를 당하고 말았다. 이때 폐교된 학교는 미국 북장로회 선교부에 속해 있던 여덟 곳과 남장로회 선교부에 속해 있던 열 곳이었다. 평양신학교도 포함되어 있었다. 양원의 졸업까지 불과 몇 달 남지 않았는데 학교 문이 닫히게 된 것이다.

그 사실을 모른 채 학생들은 여느 날처럼 등교했다. 그런데 와보니 교문은 폐쇄되어 있고 일본 헌병들이 지키고 있었다.

"왜 등교하지 못하게 하는가?"

"써 붙인 공고문을 보지 못하는가? 구 월 십이 일부로 폐교한다고 적혀 있지 아니한가?"

"도서실에 책을 두고 왔다. 잠시 교문을 열어 주면 들어갔다가 나오겠다."

"신분 고하, 누구를 막론하고 출입시키지 말라는 명령이 내려졌다. 위반자는 중벌을 받는다. 자, 귀가하라!"

헌병은 총검을 휘두르며 귀가하라고 협박했다. 학교에서 붙인 공고문에는 졸업 예정자에 대한 언급도 있었다. 부득이한 사정으로 폐교하지만 졸업 예정자의 졸업장은 우편으로 배송할 것이라고 쓰여 있었다.

손양원은 산정현교회로 주기철 목사를 찾아갔다. 주 목사도 신학교가 폐교되었다는 사실을 벌써 알고 있었다.

"장차 어떻게 해야 할지 계획이 서지 않습니다."

손양원이 난감해하자 주 목사는 위로해 주었다.

"화무십일홍이라 했고 권불십년이라 했네. 열흘 넘도록 붉게 피어 있는 꽃이 없고, 하늘에 나는 새를 떨어뜨릴 만큼 권세를 부린다 해도 십 년이 수명이라 했지. 일제가 저렇게 독 오른 뱀처럼 기승을 부려도 머지않아 망할 걸세. 하지만 하나님 나라가 망하는 거 들어 보았나? 마음을 굳게 다잡고 목회의 길로 나서야지."

"전 이곳 평양에서 목사님을 도와 신사참배 거부운동을 본격적으로 해나가고 싶습니다.”

“뜻은 가상하지만 자넨 고향으로 내려가게.”

“왜 가라 하십니까?”

“이삼 개월이 최대 고비요, 위기일 것 같네. 우리 장로교회만이 끝까지 참배를 거부하고 버티고 있잖은가? 총독부가 이제 특단의 조치를 취하려 할 것 같네. 전국적으로 우리 장로회는 이십삼 개 노회가 있지. 노회장을 비롯하여 간부급 목사님들을 연행하여 투옥한다는 소문이야.”

“투옥이라구요? 죄도 없이 체포 구금한단 말입니까?”

“귀에 걸면 귀걸이고 코에 걸면 코걸이일세. 신성모독으로 걸 수도 있고 치안유지법으로 걸어서 중형을 내릴 수도 있겠지.”

“태풍이 한 차례 불겠군요. 저는 맞서 싸우겠습니다.”

“평양은 내게 맡기고 자넨 고향으로 내려가 부산에 가서 참배 거부운동을 주도하게.”

“예, 그러겠습니다.”

주 목사의 제의를 듣고서야 비로소 손양원의 눈앞이 밝아지고 사명의식이 생겨났다. 그는 곧 능라도교회를 사임하고 고향으로 돌아가기로 했다.

1938년 정월 양원은 고향으로 돌아왔다. 고향을 떠나 있던 사이 장성한 두 아들을 보자 마음이 뿌듯했다.

큰아들 동인이는 열네 살로 소학교(초등학교) 5학년이고, 작은아들 동신이는 아홉 살이 되어 학교에 가려 하고 있었다. 양원은 아

내의 두 손을 잡고 무병하고 건강하게 두 아들과 딸들을 잘 키워
준 은공에 감사했다.

"고맙소. 얼마나 고생했소? 아이들이 무흠하게 잘 자란 걸 보니
자랑스럽소. 홀로 되신 아버님도 당신이 잘 모시고 있어 얼마나
고마운지 모르오."

"제가 해야 할 일을 한 것뿐인데 웬 칭찬이에요? 공부한다고 고
생해서 그런지 야윈 얼굴이 더 핼쑥해졌어요. 당분간 집에서 쉬시
고 몸조섭 좀 해야겠어요."

"시국이 시끄러워 한가로이 집에서 쉴 시간이 없을 것 같소."

"그게 무슨 말씀이에요?"

신사참배 강요로 우리나라 교회들이 위험에 처해 있다는 사실
을 얘기해 주었다.

"주기철 목사님과 약속을 했어요. 일단 부산으로 가서 내가 할
일을 찾아봐야겠소."

손양원은 곧 부산으로 떠났다. 그가 개척했던 부민동교회는 그
동안 여러 모로 부흥 성장해 있었다. 손양원은 경남노회 부산 지
역 시찰회 순회 전도사로 부임하여 여러 지방까지 돌아다니며 순
회 전도를 했다. 부산뿐 아니라 양산, 김해, 함안에 이르기까지
복음을 전하는 게 목표였지만 당면한 과제는 시골 교회를 돌아다
니며 신사참배의 부당성을 알리고 기독신앙을 굳게 지켜야 한다
고 역설하며 결속시키는 일이었다.

드디어 올 것이 왔다. 마지막까지 버티던 장로회 교단도 더 이

상 버티지 못하고 말았던 것이다. 능라도교회에는 손양원의 선배 되는 이근식 전도사가 시무하고 있었다. 떠나올 때 양원은 그에게 종종 평양 소식을 전해 달라 부탁했었다. 이 전도사의 편지가 도착했다. 편지에는 놀라운 소식이 적혀 있었다.

제번(除煩)하고 슬픈 소식부터 전하게 되어 안타깝소. 알다시피 기독교 전 교단 중에 우리 장로회만 끝까지 완강하게 버티고 버텼지만 일제의 탄압 앞에서는 어쩔 수 없어 지난 2월 전체 23개 노회 중에서 17개 노회가 굴복하고 말았습니다.

시키는 대로 하지 않으면 교회 자체를 폐쇄하고 모든 출입문을 막아 예배 자체를 보지 못하게 하겠다고 협박한 것입니다. 그들은 협박으로 끝나지 않고 시범을 보여 공포에 떨게 했습니다. 그래서 굴복한 것이지요.

하지만 남은 여섯 개 교회는 끝까지 항거했습니다. 타협하거나 굴복하지 않았지요. 그러자 당국은 이번 9월 9일을 기하여 개최된 제27회 장로회 총회를 이용하여 여섯 개 교회의 굴복을 받아 내려고 사전 모의를 철저히 했습니다.

27회 총회에 참석한 총대는 193명이었습니다. 총회는 평양 서문밖교회에서 열렸지요. 그런데 총회장은 삼엄했습니다. 120여 명의 일본 경찰들이 거의 일대일로 감시했습니다. 이미 당국에서는 사전에 회의 진행에 대한 각본을 짜놓고 그대로 진행하고 있었습니다.

임시의장을 세우고 곧바로 새 총회장 선거에 들어갔습니다. 홍택기 목사가 회장에 선출되었습니다. 그렇게 만든 것은 일제였습니다. 한 총대가 발언권을 얻어 신사참배는 종교 문제가 아니니 국민의례로 인정하고 교회와 신도들은 신사참배에 동참하자는 긴급동의를 내놓았습니다.

새 회장 홍택기 목사는 우물우물하며 재청 있느냐고 물었고, 기다렸다는 듯이 누군가 "재청이오" 하니 곧바로 가부를 물었습니다. 무기명 비밀투표도 아니요, 찬반 거수투표도 아니었습니다. "찬성입니까?" 그 한마디 묻고 몇 사람이 "예" 하자 지체 없이 방망이를 세 번 두드리고 가결되었음을 선포했습니다. 난리가 벌어졌지요. "불법이다." "회의 다시 하라." "누가 찬성했냐?" 이런저런 반대 의견이 들렸지요.

그러나 홍 목사 일행은 당장 일본 경찰들의 호위를 받으며 강대상을 내려와 자취를 감춰 버렸습니다. 분통을 터뜨리는 총대들을 경찰들이 끌어 냈습니다. 이렇게 되어 마지막 보루였던 우리 장로회마저 일제의 폭력 앞에 힘없이 무너지고 말았습니다.

그 후 신앙의 지조를 지켜야 하고 신사참배는 결단코 반대해야 한다며 지도적 목사님들이 따로 만나 저항운동을 벌여 나가기로 했소. 산정현교회의 주기철 목사님을 비롯하여 평북의 이기선 목사, 경남의 한상동 목사, 주남선 목사 등입니다. 점차 조직을 확대한다고 하오.

한상동 목사님이 회장이 되었는데 신사참배 반대운동의 실천

적 방안을 정했다 하오.

   1. 신사참배를 결의하고 참배에 참여한 노회들은 해체해야
한다.
   2. 신사참배를 한 목사에게 받은 세례는 인정하지 말아야
한다.
   3. 신사참배를 거부한 신도만으로 새로운 노회를 조직해야
한다.
   4. 신사참배를 거부한 동지들끼리 서로 도와야 한다.
   5. 가정예배를 권면하여 시행토록 하고 동지 규합에 힘써야
한다.

부산 지방 소식이 궁금하오. 답신 주시오.

한편 목사 안수를 앞두고 경남노회에서는 손양원 전도사를 선
교사 대리라 하여 일정한 교회에 속하여 시무하지 않고 지금까지
처럼 외지 순회 전도 사역을 하도록 했다.

그는 경남성경학교를 다니며 감만동교회 전도사로 있을 때 개
척했던 교회들을 돌아다니며 신사참배 거부운동을 조직화하고
계몽하는 일을 했다. 그러나 그 같은 활동은 얼마 가지 못했다. 경
남노회에서 호출령을 내렸던 것이다.

노회 정치부장 목사가 손양원을 상대했다.

"이렇게 오라 한 것은 투서가 자꾸 들어와서입니다."

"투서라니요?"

"이 교회 저 교회 돌아다니며 불온한 설교를 하신다면서요?"

"불온이라니요? 내가 무슨 사상범입니까?"

"이미 우리 장로교 교단 전체 노회에서는 신사참배를 하기로 결정하지 않았습니까? 그럼에도 손 선교사께서 계속 신사참배는 우상숭배이므로 해서는 안 되며 일제에 굴복한 노회는 없어져야 한다며 선동하고 있다는 투서입니다. 그 같은 투서가 도 경찰국에 들어가면 손 선교사는 당장 체포되어 처벌받습니다. 정치부에서는 징계위원회를 열어 징계하기로 했습니다. 순회 선교사 대리 사역을 즉각 중지시키며 앞으로도 신사참배 거부 발언을 하거나 선동한다면 본 노회가 책임지지 않는다는 징계입니다. 아셨으면 돌아가십시오."

어쩔 수 없었다. 손양원은 순회 전도 사역을 잠시 접고 부민동 교회로 돌아갔다. 그는 은밀하게 숨어 동지들을 규합하겠다는 다짐을 했다. 그러던 중 진주 경남성경학교에서 목사 안수 계획이 있으니 손 선교사도 안수를 받으라고 권고해 왔다.

그러나 손양원은 목사 안수를 받지 못했다. 일제에 굴복한 경남 노회가 훼방을 놓았고 한술 더 떠서 전도사, 선교사 대리 자격마저 박탈해 버렸다. 손양원은 천지가 무너지는 듯한 충격을 받았다. 하나님의 일에서 강제로 손을 떼게 되었으니 손발이 다 잘려 나간 듯한 기분이었다.

그러던 어느 날이었다. 가끔 들르던 부민동교회에 가보니 뜻밖에도 여수 애양원 병원 교회에서 편지 한 통이 와 있었다. 애양원이라면 신학교 재학 중에 부흥회 강사로 갔던 교회가 아닌가. 그는 반가워서 개봉을 서둘렀다.

졸업하신 걸 축하드립니다.
본 교회 시무 전도사로 청빙할까 하여 먼저 서신을 보냅니다.
동의하시면 가까운 시일 안에 여수 애양원 병원 교회로 와주십시오. 기다리고 있겠습니다.
하나님의 은총이 함께 하시길 빌며.

예수교 남장로회 선교단 여수 애양원 병원 교회
교회 담당 선교사 원가리 목사

편지를 본 손양원은 갑자기 가슴이 쩌르르 하는 충격을 받았다. '아, 하나님은 이렇게 역사하시는구나. 이건 우연이 아니다. 하나님이 계획하신 필연의 역사다. 손가락질 당하고 음지에 소외된 나환자들을 안고 주님 가신 길을 따라가라시는구나.'

그렇게 생각한 손양원은 고향 집으로 가서 부인과 상의했다.

"어떡하면 좋겠소?"

"신기하네요. 당신이 섬기기 위해 가는 교회마다 나환자와 관계되는 분들이 복음을 갈망하는 곳이네요."

"하나님의 뜻이 분명하오. 물론 난 순종하고 싶지만 당신과 아이들이 고생할까 봐 망설여집니다."

"염려 마세요. 아이들까지 다 데려가도록 해요. 주님께서 지켜주실 거예요."

"고맙소. 아이들한텐 당신이 잘 얘기 해주시오. 난 먼저 여수를 다녀오리다."

손양원은 여수 애양원으로 갔다. 애양원은 예수교 남장로회 선교단에서 전도 사업의 일환으로 한센병 환자 수용과 치료 재활 등을 목적으로 1909년 전라남도 광주 양림에 설립한 한센병 환자 수용소였다. 1925년 애양원은 전남 여수 시외로 이사를 했다. 애양원은 병원 시설과 교회가 있었으며, 애양원 인근에는 음성 환자와 가족들이 농사를 지으며 살아가고 있었다. 애양원의 대표는 윌슨 박사였고, 교회 담당 선교사는 원가리(J. K Unger) 목사였다.

손양원이 여수에 도착한 것은 바닷바람이 시원하게 땀을 드리우게 하는 초여름 어느 날이었다. 그는 애양원교회에 들렀다. 목양실에서 원가리 목사를 만나게 되었다.

"잘 오셨습니다. 기다리고 있었습니다."

"오랜만에 뵙는군요."

"시국이 몹시 시끄럽지요?"

"곪어 부스럼을 내는 것 같습니다. 기독교인들에게는 신사참배를 면하게 해주는 대신 다른 방법으로 도움을 달라 했으면 될 터인데.”

“그렇게 해달라 했지만 당국은 거절했지요.”

“예.”

“점점 교회가 어려워질 것 같습니다. 이런 때 우리 교회에 오셔 달라 해서 죄송합니다. 마음은 정하셨나요?”

“하나님의 뜻으로 알고 순종하기로 했습니다.”

“잘하셨습니다. 이 편지 한번 보시겠습니까?”

원 목사는 책상 서랍을 뒤지더니 편지 봉투 하나를 꺼내 건넸다. 편지를 일별한 손양원이 흠칫 놀라는 표정을 지었다. 편지를 보낸 사람은 김형모 전도사였고, 수신자는 애양원 병원 교회 담당 선교사 원가리 목사였다.

“김형모 전도사님과 평양신학교 동창이신가요?”

“그렇습니다.”

“김형모 전도사님이 추천하셨습니다. 애양원이 꼭 필요로 할 하나님의 일꾼이라고요. 게다가 우리 신도님들이 작년 사경회 때 모두 큰 은혜를 받았던지 두고두고 손 목사님 말씀들을 했습니다. 특히 환자들이 손 목사님을 좋아합니다.”

“저어, 원가리 목사님. 저는 아직 목사 안수를 받지 못했습니다. 전도사입니다. 전도사로 불러 주세요.”

“물론 알고 있습니다만 편의상 목사님으로 호칭하겠습니다. 친일 노회인 경남노회에서 목사 안수를 방해해서 못 받으셨다고 김형모 전도사님 편지에도 적혀 있더군요.”

“하지만 불편합니다.”

“언젠가는 정식 목사님이 되실 텐데 뭘 그러십니까? 신도님들에게 맡기세요. 신도님들이 부르는 대로 따릅시다.”

손양원 전도사는 정식으로 청빙을 받아들이고 애양원교회에 부임하게 되었다. 첫 번째 주일 대예배 설교 때부터 그에 대한 신도들의 반응은 뜨거웠다.

“형제자매 여러분! 오늘부터 이 손양원 전도사는 여러분의 가슴이 되고 마음이 되며 여러분의 믿음이 되며 여러분의 손발이 되어 하나님 안에서 여러분의 진정한 형제 가족이 되겠습니다.”

애양원은 병원과 수용소 시설을 겸하고 있었는데, 그곳에 수용된 환자들은 600여 명이 넘었다. 그리고 애양원 주변에는 병이 나은 음성 환자들이 정착하여 살고 있었다. 교회 신도는 대부분 그들이었다. 음성 환자는 병이 없는 일반인과 다름없었으나 한번 앓고 난 자국이 마치 마마를 앓고 났을 때 생긴 자국처럼 남아 있었다. 보기에 좀 흉한 면이 있을 뿐인데 일반인들이 그들을 기피하고 있어 외롭게 가축을 키우거나 농사를 지으며 살아가고 있었다.

그들은 갈 데가 없었다. 친척 친지에게서 버림 받고 친구들마저 외면하고 사회는 냉대하여 받아들이지 않으니 애양원에 와서 평생을 살아가는 것이었다. 따라서 그들은 구원을 약속하시는 주님에 대한 믿음이 남달랐다. 오직 하나님 안에서 하나님을 의지하는 삶만이 전부였다.

　손양원은 그들의 처지와 마음을 누구보다 잘 알고 있었다. 신도들은 그가 평양신학교 학생 시절 이곳 애양원 사경회 강사로 초청받아 왔을 때 누구나 꼭 입고 들어갔던 소독복을 거절하고 형제자매를 대하듯이 자신들의 손을 일일이 잡아 주던 모습을 잊지 않고 있었다.

　손양원은 그들에게 비관보다는 낙관을, 좌절보다는 용기를, 슬픔보다는 성경 속의 기쁨을 주고 싶었다. 그는 부임하자마자 애양원 구석구석을 살폈다. 우선 애양원의 모든 것을 파악하고 싶었던 것이다.

8. 우리들의 가을 운동회

애양원은 크게 세 부분으로 나뉘어 있었다. 하나는 양성 한센병 환자 수용 시설과 병원이었다. 600여 명이 모여 치료받으며 생활하는 곳이었다. 이런 수용 시설은 전국적으로 여러 곳에 있었다. 또 하나는 교회였다. 교회는 병원 뒤쪽으로 좀 떨어진 곳에 자리 잡고 있었다. 그리고 그 나머지 애양원 주변에는 음성 환자와 그 가족들이 돼지도 키우고 양계장도 하며 어렵게 살고 있었다. 그들의 자녀들이 다니는 성산학교는 분교 수준으로, 학생 수는 많지 않았다.

어느 날 애양원 대표자 윌슨 박사가 교회 담당 원가리 목사와 담임목회자 손양원을 저녁식사에 초대했다. 새로 부임한 목회자의 포부나 계획을 듣고 싶었던 것이다.

"애양원에 대한 파악은 대충이나마 하신 건가요?"

월슨이 물었다.

"예."

"열악한 우리 병원 시설은 곧 개선될 것입니다. 선교회에서 도움을 주기로 했으니까요. 그런데 문제는 우리 교회입니다. 오랫동안 신앙이 침체되어 부흥하지 못하고 있습니다. 그에 대해서는 어떻게 보시는지요?"

"교회가 어둡고 영성이 가라앉아 있다는 것은 동감입니다. 그럴 수밖에 없는 사정이 있잖습니까?"

애양원교회가 영적으로 가라앉아 있다는 것은 손양원이 신학생 때 처음 이곳에 올 때부터 느낀 것이었다. 그건 어쩌면 당연한 분위기였다. 나환자 수용소 병원에서 치료받고 완쾌된 음성 환자들이 거의 대부분 애양원 교회 식구들이 아니던가.

나병이 다 나았는데도 일반인들의 편견 때문에 그들은 일반인들과 섞여 생활하지 못했다. 완쾌는 됐어도 그들의 몸이나 얼굴에는 훈장처럼 흉한 자국이 남아 있었다. 머리털이 빠져서 듬성듬성하다거나, 눈썹이 없다거나, 마마를 앓고 난 자국처럼 얼굴 여기저기 흉터가 있거나, 손이 오그라져 있었다. 그 때문에 아직도 나환자 취급을 받았다. 심지어 일반인들은 그들 곁에만 스쳐 지나가도 병균에 감염되는 것으로 알고 무서워하고 싫어했다. 그래서 완쾌된 환자들은 고향에 돌아가지 못했다.

음성 환자들을 반겨 주는 가족, 친지는 없었다. 사회에 나가도 따돌림을 당하거나 천대받기는 마찬가지였다. 당당하게 취업도 하고 가정생활도 하며 살고 싶지만 사회는 그들을 받아 주지 않았다. 그들은 갈 곳이 없다. 그래서 애양원 주변을 떠나지 못하고 있었다.

"병이 다 나았는데도 사회로부터 냉대받고 섞일 수 없다는 것이 그분들의 설움이요 고통입니다. 우리 교회 성도님들 대부분이 그런 분들입니다. 다 나았는데 양성 환자 분들과 함께 병원에 있을 수는 없지 않습니까? 완쾌하신 분들은 이제 거기서 나와야지요."

"그들을 정착시키기 위하여 애양원 주변에 양계장도 지어 주고 돈사(豚舍)도 만들어 주고 그랬지요."

"예. 그들은 거의 빈터에 양계장을 만들어 닭을 키우고 돼지를 기르며 살고 있습니다. 하지만 문제는 농사지을 마땅한 땅이 없다는 것입니다. 그 때문에 가난을 면치 못하고 있는 것입니다."

"기금이 없어 농토 마련을 못 해주고 있습니다만 앞으로는 만들어 주어야지요."

"그렇게 어려움에 시달리다 보니 사는 데 어떤 의욕 같은 것도 없고 교회도 그들 관심 밖이 된 것입니다. 그들의 삶은 영적으로 불모지가 될 수밖에 없지요."

"교회 안에서 그 잃어버린 영성을 되찾는 데 힘써 주십시오."

"그러기 위해 내일부터 신발 끈을 고쳐 매려고 합니다."

이튿날부터 손 목사는 집사 한 사람의 안내를 받아 애양원 주위에 살고 있는 애양원 출신 가족들을 한 집 한 집 돌아다니며 심방을 했다.

"목사님, 이러시면 안 됩니다."

그들은 처음부터 그를 목사님으로 불렀다. 그가 손을 내밀자 손을 잡지 않으려고 펄쩍 뛰었다. 자기들이 사는 굴속 같은 움막집을 찾아준 목사도 없었지만 손을 잡아 준 사람도 그가 처음이었다. 전혀 전염될 위험이 없는데도 사람들이 꺼리고 멀리했기에 그들도 접촉을 삼가는 것이 버릇처럼 몸에 배어 있었다.

"자, 손을 잡고 기도합시다. 형제님의 머리 위에는 우리를 살리시고 우리를 책임져 주시는 주님이 계십니다. 힘을 냅시다."

손 목사는 가족들의 손을 잡고 기도를 올려 주었다. 그들은 모두 감동하여 눈물을 흘렸다.

"목사님, 고맙습니다. 이제야말로 열심히 하나님 의지하며 살아야겠다는 용기가 솟아나네요. 살아 보겠습니다."

움막집을 나오려 하자 부인네가 달걀 한 꾸러미를 닭장에서 들고 나왔다.

"저어……."

부인네는 우물쭈물하며 말을 잇지 못했다.

"왜요?"

"저어 이거, 드리고 싶은데…… 불쾌하게 생각하실까 봐……."

달걀 꾸러미를 들고 있는 부인네의 손가락은 구운 오징어처럼 한쪽이 오그라져 붙어 있었다. 그런 모습을 보고 받아 갈 사람은 없었다. 그래서 앞서 부임해 있던 목사님들 중 받아 간 사람은 없었다. 그 때문에 그 부인네는 망설이고 있었던 것이다.

"줘보실래요?"

손 목사가 덥석 받아 들었다. 그러더니 달걀 꾸러미 속에서 다섯 개만 꺼내 자기가 쓰고 있던 맥고모자 안에 옮겨 넣었다.

"고맙습니다. 절반만 가져가서 먹을게요. 이것도 고맙습니다."

"다 가져가시지."

"내다 파시는 걸 그래서야 되겠습니까? 잘 먹겠습니다."

인사를 하자 부인네는 차마 말을 못 하고 돌아서서 눈물을 훔쳤다. 어떤 목사든 이런 집 이런 사람들의 심방은 모두 꺼리며 피해 왔다. 정 어쩔 수 없는 사정 때문에 집 안에 들어가 성도를 만날 때도 멀찍이 떨어져서 기도하고 신체 접촉을 하지 않았다.

더구나 그 집에서 대접하기 위해 내놓는 음식물에 손대는 것은 금기 중 하나로 생각하고 있었다. 이들은 완치된 사람들인데도 뭇 사람들은 전염될까 봐 공포심을 갖고 있었다. 그러나 손양원 목사는 자연스럽게 다른 일반 성도의 집에 들어간 것처럼 행동하고 만지고 주는 음식도 받아먹었다.

처음에는 일부러, 그들에게 보여 주기 위해 그러는 것으로 오해도 했지만 진정에서 우러나는 자연스러움과 애정이 배어 있음을 보고 느낀 성도들은 모두 감격해했다. 손 목사는 좌절 속에 살아가고 있던 그들 한 집 한 집, 한 사람 한 사람을 일일이 만나며 손을 잡고 기도해 주었다.

"목사님, 고맙습니다. 어느 누구도 목사님처럼 진심으로 저희를 걱정해 주고 기도해 주며 어루만져 준 분은 없습니다. 백배의 용기가 납니다. 솔직히 저희들은 여지껏 사는 게 사는 게 아니었습니다. 밭뙈기 하나 없이 남의 땅에 돼지나 키우며 근근이 살았습니다. 저희가 사는 집 주변에는 일반 동네 사람들이 얼씬도 하지 않습니다. 금줄을 쳐놓은 듯이 우릴 격리하여 대우하는 거지요. 교회 나가는 것이 유일한 위안이었습니다. 하지만 그것은 위안 이상도 이하도 아니었습니다. 예배당 안에 뜨거움이 없었기 때문이에요. 하지만 목사님이 오신 뒤부터는 달라지고 있다고 말들 합니다."

"그 성령의 뜨거움을 다시 찾으십시다."

손 목사의 가가호호 심방은 한 달 동안 계속되었다. 그런 다음 그는 애양원 수용소 병원 안에 있는 환자들을 만나기로 했다.

"절대 신체 접촉은 하지 마십시오."

수용소 병실은 지저분한 환자들로 들끓고 있었다. 부패한 음식물 같은 악취가 견딜 수 없게 만들었다. 그뿐만 아니라 환자들의 몸은 상처투성이였고, 진물이 질질 흐르고 피가 배어나고 고름이 흘렀다.

의사나 간호사 외에는 누구도 근접하지 않았다. 의사도 소독복을 입고 마스크와 장갑을 하고 장화를 신은 채 환자들을 치료하고 있었다. 신학생으로 이곳 교회 부흥회 강사로 부름 받아 왔을 때 손양원은 간호조무사로 봉사하고 간 적이 있다. 의사와 간호사를 따라다니며 잡일을 해주었다. 그래서 그는 병실과 환자에 대해서는 그다지 낯설지 않았다.

"목사님, 병실에 들어가시려고요?"

의사가 막아섰다.

"예. 환자들을 좀 만나 보려고요."

"소독복을 입고 마스크와 장갑을 착용하시고 장화를 신어야 합니다."

"소독복만 입겠습니다."

"안 됩니다."

손 목사는 옷에 오물이 묻는 걸 막기 위해 가운만 입겠다고 했지만 의사와 간호사는 장갑을 끼고 마스크를 하라고 채근했다.

"악취를 견딜 수 없으실 겁니다."

"괜찮습니다."

손 목사는 간호사가 건네는 소독복을 덧입고 의사의 만류를 뿌리치고 병실로 들어갔다. 포르말린 소독약 냄새가 가득했지만 그 사이에 머물러 있는 악취는 어찌할 수 없었다. 증세가 심하지 않은 환자들은 침상에 앉아 있었다.

장갑도 끼지 않고 마스크도 하지 않고 장화도 신지 않은 채 손 목사가 병실 안으로 들어오자 그들은 모두 놀라서 어안이 벙벙한 표정을 지었다. 바닥에는 환자들이 흘리는 피고름과 진물들이 흘러내려 더럽고 끈적거렸기에 누구든 장화를 신어야 했다. 장화를 신어도 10여 장의 신문을 들고 들어와 그걸 깔고 환자들에게 접근해야 했다. 그런데 손 목사는 장화도 신지 않은 채 들어간 것이다. 60여 세 되어 보이는 환자 앞으로 다가선 손 목사는 이름이 뭐냐고 물었다.

"엄청남입니다요."

"어떠세요? 고통스러우시죠? 증세가 심하신가요?"

"아, 병원에 와서 많이 좋아졌습니다."

"다행이시네요. 하나님께 병을 낫게 해달라고 열심히 기도하세요. 반드시 응답해 주실 겁니다. 자, 나와 함께 기도합시다."

"아아, 목사님."

손 목사가 그의 손을 잡고 머리에 오른손을 얹자 그 환자는 불에 덴 듯 몸을 뒤로 빼며 안수를 거부했다.

"왜 이러세요?"

"목사님! 안 됩니다. 병 옮습니다."

"염려 마십시오. 자, 기도 받으세요."

손 목사는 전혀 개의치 않고 태연하게 다시 그의 손을 잡고 머리에 오른손을 얹은 다음 안수기도를 하기 시작했다.

"주님께서 맨 처음 고쳐 주신 병자는 나환자였나이다. 하나님, 이 성도는 당신이 돌보신 맨 처음 환자처럼 간절히 병 낫기를 원하고 그리되기를 주님을 믿는 것처럼 믿고 있나이다. 예수 이름으로 명하노니 그 믿음대로 될지어다! 될지어다!"

손 목사는 진물과 피고름이 흐르는 환자들을 붙잡고 한 명 한 명 안수를 해나갔다.

"주여! 주여, 오소서! 주여!"

병원 안은 당장 부르짖는 환자들의 기도 소리로 덮이고 성령을 받아 모두 눈물을 흘리며 넘치는 은혜에 어쩔 줄 몰라 했다. 두 시간 동안 병실을 돌며 안수를 끝낸 손 목사는 복도로 나오자마자 지쳐서 비틀거렸다.

온몸은 흐르는 땀으로 목욕을 하다시피 했고, 그가 입고 있던 하얀 가운은 피고름 범벅이었다. 그의 손은 마치 외과 수술을 끝낸 의사의 손 같았다. 피고름은 얼굴 여기저기에도 묻어 있었다.

"목사님, 그냥 나가시면 안 돼요. 깨끗이 소독을 하셔야 해요."

의사와 간호사가 소독실로 들어가도록 했다. 먼저 비눗물로 깨끗이 씻고는 강한 약품으로 얼굴과 팔다리와 손을 씻어 냈다.

"정말 이해할 수 없습니다. 아실 만한 분이 왜 그렇게 위험을 자처하시지요?"

의사가 불만에 차서 나무라듯 말했다.

"알고 있습니다. 하지만 난 성령께서 시키는 대로 했을 뿐입니다. '가서 영혼 구원을 위한 기도와 치유의 안수를 해주어라.' 하나님의 강한 명령이 있었습니다. 그 명령에 따랐을 뿐입니다. 죄송합니다."

"그러다가 전염이라도 되는 사고가 나면 목사님은 물론 저희까지도 책임을 면치 못합니다. 다음부터는 절대 이런 일이 없도록 해주십시오."

"주의하겠습니다."

손 목사는 병동에서 나왔다. 정문으로 나가는데 손 목사를 보고 소방용 모래함 뒤로 재빨리 숨는 그림자가 보였다. 그 옆으로 지나가던 손 목사는 모래함 뒤로 삐져나온 검정 치맛자락 끝을 발견하고 굽어다 보았다.

"음? 너였구나."

열두어 살쯤 돼 보이는 계집아이였다.

"너 선이 아니냐? 왜 목사님 보고선 숨지?"

그러자 선이는 어쩔 줄 몰라 하며 뭔가를 치마 뒤로 감추고는 엉거주춤 일어났다.

"아무것도 아니에요."

"너 왜 병원에 들어왔어? 이런 데 함부로 들어오면 안 된다는 거 알 텐데?"

그러자 선이는 고개를 떨구며 아무 말도 하지 않았다.

"자, 목사님하구 나가자."

손목을 잡고 나가려 하자 선이는 안 가려 하며 버팅겼다.

"하, 할머니가 기다려요."

"어디서?"

"저…… 안에서요."

선이가 고갯짓으로 가리킨 곳은 병원 뒤쪽 기숙실이었다.

"그럼 별채 기숙실에 사니?"

"네."

놀란 건 손 목사였다. 병원 뒤쪽 비좁은 기숙실에는 치료가 끝나 완쾌된 환자들 네 사람이 거주하고 있었다. 병원에서 퇴원해야 될 사람들이지만 갈 데가 없어 미적거리며 사는 것이었다. 받아줄 가족이나 친척도 없는 이들이었다. 그렇다고 수중에 돈도 없으니 나가서 자립할 수도 없었다. 선이는 미감아(未感兒)였다. 조모와 부모가 나환자였지만 그 아이는 감염되지 않은 성한 아이였다. 그런 애가 수용소 병동 옆에서 환자들과 함께 생활한다니 정말 놀라운 일이었다.

손 목사가 나타나자 그들은 마치 숨어 있다가 들킨 것처럼 겁에 질렸다.

"진작 이곳에 꼭 심방을 와보려 하고 있었습니다. 모두가 우리 성도님들이군요. 함께 예배를 봅시다."

예배를 인도하고 손 목사는 한 사람 한 사람 안수해 주었다. 자기들의 손을 만지고 머리를 만지며 기도하자 모두 감동하여 눈물을 흘렸다. 안수가 끝나자 손 목사는 선이 할머니에게 짐보따리를 챙겨서 선이와 함께 예배당으로 오라 했다.

"왜 그러시는데요?"

"오시기나 하세요. 나중에 말씀드릴 테니."

미감아인 선이를 계속해서 수용소 병원 안에서 살게 할 수는 없다고 손 목사는 생각하고 예배당으로 나오라 했던 것이다. 교회 옆에는 사찰 집사가 사는 작은 집이 있었다. 손 목사는 그곳 문간방에서 할머니와 손녀가 살도록 주선해 주었다.

손 목사의 병원 심방과 환자들의 안수는 놀라운 결과를 가져왔다. 병을 두려워하지 않고 그들 곁에 다가가 손을 잡고 어루만지

며 위로하고 안수를 했다는 그 자체가 그들에게는 감격 그 이상
이었던 것이다. 황량하고 어둠 속에 가라앉아 있던 애양원교회는
믿음과 소망의 열망으로 다시 한 번 성령의 불이 타오르기 시작
했다. 활기와 생기를 되찾은 것이다.

환자 가운데 손 목사의 안수를 받고서 흐르던 진물이 멎고 고
름이 말라 병이 나아가고 있다는 간증이 나왔다. 무려 다섯 명이
나 그러한 간증을 하였다. 그리되니 환자든 환자가 아니든 뜨거
운 신심을 가지고 교회로 모여들어 하나가 되었다. 손 목사는 '미
스바 회개 특별 새벽 100일 기도회'를 열었다. 새벽마다 성전이 차
고 넘치게 되었다.

어느 날 손 목사는 교회 주변에 천막을 치고 사는 성도의 집으
로 가 돼지우리 고치는 일을 도와주었다.

"이만하면 됐으니까 돌아가세요, 목사님."

"지붕 이엉을 더 손봐야 할 것 같은데."

"아닙니다. 이젠 저 혼자 해도 됩니다."

"그래요? 그럼 가볼까?"

"제대로 대접도 못 해드리고 죄송해요."

"냉수 한 그릇이면 충분하지요."

손 목사는 기분이 상쾌해져 찬송을 부르며 그 집을 뒤로했다.
이윽고 교회로 가는 둔덕길을 올라가는데 감나무 밑에 고만고만
한 여자 아이 세 명이 시무룩하게 앉아 있었다. 선이와 오목이, 확
실이 셋이었다.

“너희들 여기서 뭐해?”

“안녕하세요? 목사님.”

“그런데 너희들 표정이 왜 그래? 오라, 알겠다. 너희들 표정이 왜 벌레 씹은 얼굴인지 목사님이 알아맞춰 볼까?”

“왜 그러는데요?”

“땡감 따먹었지? 추석이나 돼야 다 익어서 안 떫지 지금은 굉장히 떫을걸? 그걸 먹어서 표정들이 다 그렇잖아?”

“목사님두, 알지두 못하믄서.”

“왜 그러는데?”

그러자 확실이가 화가 나서 말했다.

“쫓겨났단 말예요.”

그 한마디를 하고선 아이들은 앙 하고 울음을 터뜨렸다.

“아니 어디서? 누가? 응?”

손 목사는 당황해서 세 아이를 끌어안았다. 그러고는 어디서 왜 쫓겨났는지를 물었다.

“율촌보통학교에서 운동회를 한다구 해서 구경 갔지 뭐예요. 한창 구경하고 있는데 어떤 아이가 ‘여기 문둥이촌에서 온 애들이 있다’고 말하는 바람에 그만 매 맞고 쫓겨났어요.”

손 목사는 기가 막혀 아이들을 안고 멍하니 하늘을 올려다보았다. 바빠서 보지 못했던 가을 하늘이 고등어 등처럼 파랗게 떠 있었다. 가을이었고 운동회 철이었다. 손 목사는 아이들이 울음 그치기를 기다리며 다독거렸다.

“우리도 하면 되잖니? 목사님한테 말했으면 우리도 운동회를 열었을 텐데.”

“정말요?”

“우리 성산학교도 날 잡아서 운동회 하자.”

아이들은 감격스러웠던지 다시 한 번 울음을 터뜨렸다. 손 목사는 아이들을 위해 왜 거기까지 생각이 미치지 못했을까 후회스러웠다.

음성 환자 가족 중 아이들은 모두 30명쯤 되었다. 아이들은 취학 연령이 넘어서도 학교를 가지 못했다. 일반 학교에 입학해도 되건만 학교들은 모두 아이들을 거절했다. 나환자 수용소 출신이라는 한 가지 이유 때문이었다. 애양원에서는 성산학교라는 이름을 붙여 학교를 열었다. 고학년 아이들부터 저학년 아이들까지 한 반에서 수업을 받았다.

“목사님, 운동장도 없는데 어디서 운동회를 연다구 그러셨어요?”

김 전도사가 근심이 되었는지 물었다.

“교회 마당 있잖소?”

“턱없이 좁아요. 거기서 어떻게 달리기를 합니까?”

“전도사님, 머리를 좀 쓰세요. 머리는 때 되면 깎으라고만 있습니까?”

“나 이거.”

“미안! 교회 마당 앞에 너른 감자밭이 붙어 있잖아요? 감자도

다 캐어 빈 밭이잖소? 밭을 좀 고르게 다듬어서 작은 운동장으로 사용합시다."

"죄송합니다. 전 이발소 갈 때만 필요한 것이 머리인 줄 알았더니 그렇지 않군요? 당장 청년들 동원해서 다듬어 놓겠습니다."

"하하하."

모처럼 손 목사는 유쾌하게 웃었다. 드디어 며칠 후 '성산학교 가을 운동회'라는 현수막이 교회 정문에 나붙었다. 운동회는 학생들은 물론 교회 식구들과 근처 주민들에게 단연 화젯거리가 되었다. 개교 이래 처음으로 열리는 운동회가 아닌가.

운동회 날은 애양원의 축제 날이었다. 교회 마당에는 조그만 차일이 쳐지고 그곳 본부석에는 애양원 대표인 윌슨 박사 그리고 원가리 목사, 손양원 목사가 자리 잡았고, 학생들은 15명씩 홍청양 팀으로 나뉘어 각종 경기를 벌였다.

낡고 해진 옷이지만 모처럼 깨끗하게 차려입은 애양원 어른들은 비록 얼굴이 이그러지고 코가 주저앉고 손가락이 없어도 아무런 부끄럼 없이 손바닥을 치며 내 집 네 집 모든 아이들을 응원하느라 목심줄을 부풀렸다.

높고 푸른 가을 하늘 아래 아이들과 어른들의 함성과 웃음소리가 그칠 줄 몰랐다. 가장 인기 있는 시합은 어른들의 엿 찾아 먹기였다. 호루라기 소리가 울리면 출발선에서 뛰어가 두 손을 쓰지 않고 밀가루 함지박에 들어 있는 엿가락을 입으로만 찾아 물고 누가, 어느 팀이 먼저 들어오느냐를 겨루는 경주였다.

"결승전을 하겠습니다. 삼 학년 선이네 팀과 목사님 팀입니다.
나와서 출발선에 서십시오."

심판을 보고 있는 전도사님의 채근이었다. 그러자 사기가 오른
선이네 팀 세 명이 뛰어나왔다. 팔을 걷어붙이고 바짓가랑이를 말
아 올린 채 장정 셋이 손을 잡고 섰다.

"삼 학년 이겨라! 아버지 이겨라!"

아버지들을 응원하는 선이와 오목이, 확실이가 소리 지르며 기
세를 돋우었다. 선이는 아버지가 없어 사찰 집사인 김 집사님을
내세웠다. 목사님 팀도 나왔다. 이 팀 역시 세 명이었는데 손 목
사님, 윌슨 원장님, 원가리 선교사님 등이었다. 두 사람은 벽안의
서양인이어서 키가 엄청 컸다. 장내가 웃음바다가 되었다. 서양인
두 사람에 비하여 손 목사의 키는 그들의 겨드랑이에도 못 미치
고 있었던 것이다.

"한꺼번에 여섯 분이 엿가락을 물고 오는 게 아니라 두 팀에서
한 사람씩 달려가 엿을 찾아 돌아오면 둘째 사람이 교대로 이어
달려 또 엿을 찾아오는 것입니다. 마지막에 어느 팀이 먼저 들어
오느냐로 승패를 가르겠습니다. 자, 준비되셨습니까? 출발!"

목사님 팀은 손 목사가 마지막 선수였고, 선이네 팀은 확실이
아버지가 마지막 선수였다. 장내는 온통 웃음바다가 되고 응원의
함성이 하늘을 찔렀다. 밀가루가 가득한 함지박에 얼굴을 묻고
엿가락을 찾느라 헤집고 보니 얼굴이 가관이었다. 눈만 남고 얼굴
은 온통 밀가루 범벅이 된 것이다.

드디어 손 목사와 확실이 아버지 두 선수만 남았다. 앞서 뛴 선수들은 거의 동시에 들어와서 어느 팀이 앞섰는지 모를 정도였다. 두 선수에게 승패가 걸려 있다.

"목사님 이겨라! 와, 키는 작아도 빠르다!"

"삼 학년 이겨라!"

확실이 아버지는 중키에 다부진 체격이어서 빠를 것 같은데 손 목사가 더 재빨랐다. 키도 작고 체구도 작지만 훨씬 날쌨던 것이다. 이윽고 두 사람은 앞서거니 뒤서거니 밀가루 속을 헤치고 엿을 문 채 돌아섰다. 온통 흰 칠이었고 눈과 입만 제대로였다.

"목사님! 힘내세요."

안타까운 함성이 뒤를 이었다. 뒤돌아 달릴 때만 해도 손 목사가 앞서 있었는데 결승선을 앞에 두고는 노동으로 단련된 확실이 아버지의 힘에 밀리기 시작한 것이다.

"와! 이겼다! 삼 학년 만세!"

승리는 확실이 아버지였다. 이윽고 오전 경기가 끝나고 기다리던 점심 식사 시간이 되었다. 밥하고 국은 교회에서 제공할 테니 김치 등 반찬은 한 가지씩 각자 집에서 가져오라 해서 준비한 것들을 여기저기 식구들끼리 앉아 펼쳐 놓았다.

손 목사의 식사기도가 끝나자 즐거운 식사가 시작되었다. 잠시 후 손 목사는 커다란 대접을 들고 일어섰다.

"어딜 가시려구요?"

부인이 묻자 손 목사는 말없이 웃기만 하고 한창 맛있게 밥을 먹는 가족들 앞으로 갔다.

"야아, 그 무김치 맛있게 생겼네? 좀 가져가도 되겠지요?"

"아, 아니에요."

확실이 어머니가 손사래를 치며 손 목사더러 들고 있던 김치를 드시지 말라 했다.

"맛있는데요?"

벌써 우적이며 씹고 있던 손 목사는 확실이 어머니가 왜 자기들 음식에 손을 못 대게 하는지 알겠다는 듯, 괜찮으니 염려 말라는 뜻으로 들고 있던 그릇에 김치를 옮겨 담고 한 가닥을 더 꺼내 입에 넣고 돌아섰다. 그걸 본 확실이 아버지는 말없이 고개를 숙였고, 확실이 어머니는 눈가의 눈물을 훔쳤다.

"어디 보자. 선이네는 꼬막도 있네? 몇 알 가져가야겠다."

손 목사는 그릇을 들고 여기저기 돌아다니며 싸가지고 온 반찬 맛을 일일이 보며 조금씩 걷어 왔다. 그러자 애양원 모든 가족들은 비로소 이웃과 반찬을 나눠 먹기 시작했다. 지금까지 그들은 함께 일은 해도 음식은 나눠 먹지 않았던 것이다. 병균이 옮는다는 선입견 때문이었다.

성산학교 가을 운동회는 모두 한 가족이 되는 축제 한마당이 되었다. 운동회가 끝나자 애양원 가족들은 신앙생활을 비롯한 삶 구석구석에서 잃어버리고 있던 자신감을 완전히 되찾게 되었다.

9. 떼어 버린 예배당의 일장기

손양원 목사는 원근 교회로부터 부흥회 강사로 많은 초청을 받았다. 그는 부흥회를 이용해서 일제의 신사참배 거부운동을 본격적으로 벌이고 교회 여러 기관을 통하여 은밀히 조직화하는 데 힘썼다.

은밀하게 하지 않으면 안 되는 것이, 전국적인 거부운동의 구심점이 되었던 한상동 목사가 일제에 체포됨으로써 조직 활동이 와해되어 거부운동이 수면 아래로 가라앉게 되었기 때문이다.

손양원 목사의 설교는 남다른 설득력과 충만한 성령의 감동이 있어 초빙하는 교회가 많았다. 벌교에 있는 어느 교회에서 손 목사를 부흥회 강사로 초청했다. 집회를 시작하려고 손 목사가 그 교회 강단에 올라갈 때였다. 강대상 뒤쪽 중앙에 커다란 나무 십자가가 있었는데 놀랍게도 십자가 위쪽에는 일장기가 걸려 있었다. 그는 강대상에 오르려다 말고 뒤따라 오르려던 담임목사를 돌아보고 지적했다.

"목사님! 저 일장기가 왜 저기 걸려 있지요?"

"주재소에서 나와 가지구 걸어야 한다 하니까 부교역자들이 건 모양입니다."

"떼십시오."

"예?"

"신성한 성전 안을 더럽히고 있잖습니까?"

"하지만……."

목사님이 난처해서 어쩔 줄 모르자 손 목사는 강대상 위로 성큼 올라가더니 뒤에 있던 걸상을 붙여 놓고 손수 일장기를 떼어 내는 것이었다. 부흥회에 참석하기 위해 예배당 안을 가득 메운 신도들이 일순간 조용해지며 손 목사의 일거수일투족을 응시했다.

손양원 목사는 떼어 낸 일장기를 전도사에게 넘겨주고 아무 일 없었다는 듯 두 손을 털었다.

"시작하시지요."

담임목사에게 이르자 그는 흠칫하며 떨리는 손으로 종을 울려 예배 시작을 알렸다. 그러고는 역시 겁먹은 소리로 손양원 목사를 소개했다. 손 목사가 강대상에 올라 인사를 하자 예배당 안은 박수 소리로 덮였다.

"여러분 마음에 신경을 쓰이게 해서 죄송했습니다. 그냥 지나칠 수 없었습니다. 우리 모두 하나님 앞에서 예배드려야지 일본 국기 앞에서 예배드릴 수는 없지 않습니까? 그래서 떼어 낸 것입니다. 하나님을 모독하면 아니 됩니다. 교회는 성막이고 성전입니다. 성전 지성소에는 하나님이 언제나 살아 계십니다. 성전을 모독하는 것은 기독교 신자라면 누구도 용납하면 아니 되는 것이올시다."

잠시 후 예배당 뒷문 쪽이 소란스러워졌다. 이어 뒷문이 벌컥 열렸다. 긴 칼을 차고 제복을 입은 일본 순사 세 명이 저벅거리며 중앙 통로를 거침없이 걸어왔다. 그러더니 강대상 위로 뛰어올라오는 것이었다.

"이게 무슨 짓이오?"

"고랏!(이 자식!)"

"당신들은 보이지도 않소? 이곳은 성단이오. 신을 벗고 올라오시오."

손 목사가 일갈했지만 그들은 개의치 않았다. 가운데 있는 자가 손 목사를 향해 턱짓을 했다. 그자가 주재소 차석(次席)인 듯했다. 그러자 다른 두 순사가 양쪽에서 손 목사의 두 팔을 끼우더니 강단 밑으로 끌어내렸다.

"당신을 국기 모독죄로 체포한다."

차석 순사가 소리를 꽥 지르더니 연행하라 했다. 이렇게 손 목사는 설교 중에 주재소로 연행되었다.

"국기를 뭐라 생각하는가?"

소장이 물었다.

"나라를 상징한다고 생각하오."

"잘 아시고 계시구먼. 히노마루(일장기)는 대일본 제국의 얼굴이며 천황 폐하의 위엄이자 권위다. 국기를 모독함은 천황 폐하와 제국을 모독하는 행위다. 그걸 모르나?"

"잘 알고 있소."

"뭣이? 잘 알고 있으면서 떼어 냈다고?"

"그 국기가 국기 게양대에 올라 있거나 학교 교실에 있거나 관공서 사무실이나 주재소에 붙어 있는 걸 나무라고 시비할 사람은 없습니다. 하지만 예배당 안에 국기를 걸어 놓는다는 것은 어불성설이라 생각합니다. 예배당은 종교의식을 거행하는 성스러운 장소입니다. 국가의식과 종교의식은 다르지 않습니까? 국기는 국가의식 때나 필요한 것입니다."

"당신은 어느 나라 사람인가?"

"조선 사람입니다."

"조선인은 어느 나라 국민인가?"

"……."

"왜 말을 못 하는가?"

책상을 치며 외쳤다.

"일본 국민입니다."

"국기에 대한 경례는 애국의 표시다. 애국을 표시하고 예배를 보게 하기 위해 국기를 걸어 놓은 것인데 그걸 떼어 냈다구?"

"국기를 걸어 놓고 경례하는 것이 애국하는 행위라면 술주정뱅이도 경례만 하면 애국자가 될 수 있고 강도나 절도범도 경례만

하면 애국자가 됩니까? 안방 침실에 국기 거는 사람 있습니까? 잠
자는 곳에 있는 사람은 마음속으로 국기를 생각하며 애국심을
가지고 명상을 하다가 잠이 들면 애국자가 아닐까요? 애국심이란
국기가 있거나 없거나 항상 발로되어야 합니다. 예배당은 여호와
신을 모시고 예배 보는 곳입니다. 신도들은 예배당 밖에서 국기에
대해 경례를 하고 들어온 사람들입니다."

손양원 목사가 조리 있고 타당한 이유를 들어 설득하자 주재소
소장은 조금 누그러졌다. 그럴듯했던 것이다. 손양원은 마지막으
로 쐐기를 박았다.

"성전에 일장기를 꼭 걸어야 하는지 여부는 경찰부의 규례집을
면밀히 검토해 보십시오. 그런 지시는 없을 겁니다. 과잉 충성은
민심을 자극하여 좋지 못한 결과를 초래하게 된다는 걸 명심하십
시오. 자, 그럼 갑니다."

손 목사는 설교를 끝내고 주재소를 당당히 걸어 나왔다. 소장
은 뭐라 말하지 못하고 어물쩡하게 서서 배웅했다.

손 목사가 당국의 주목을 받고 이른바 요시찰 인물로 감시를
당하게 된 것은 당연했다. 기회 있을 때마다 그는 여러 교회를 다
니며 신사참배의 부당성을 강조하며 조선 교회의 모든 애국성도
들은 단합하여 일제에 맞서야 한다고 설교했다. 그뿐만 아니라 그
는 여수, 순천, 보성을 비롯하여 진주, 부산, 포항에 이르기까지
자신이 개척한 교회를 돌아다니며 조직적인 신사참배 거부운동
을 벌이기 위해 지하에서 활동했다.

"단체를 만들어야겠습니다. 물론 단체를 만들면 일제의 탄압으로 와해되고 목사님들도 체포 투옥됩니다. 대표적인 예가 경남 노회 한상동 목사님이지요. 맨 먼저 조직을 만들려다가 체포되어 수포로 돌아갔습니다. 평양에선 주기철 목사님이 거부운동을 주도했지만 주 목사님도 지금 체포되어 옥살이를 하고 계십니다. 현재 투옥된 성도들도 수백 명으로 불어나고 있습니다. 저들은 신학교 등 기독교계 학교를 폐교 조치했고 이제는 교회를 강제로 문 닫게 하려고 합니다. 그럴수록 저들에게 굴복하면 아니 됩니다."

손 목사는 여수 애양원교회를 열심히 섬기면서 부산에서 일제에 맞설 만한 기독교 연합체를 결성하기 위해 비밀리에 동분서주했다. 그러던 어느 날이었다. 목양실에서 설교 준비를 하고 있는데 김 전도사가 급히 들어와 전했다.

"목사님, 일본 경찰이 오고 있습니다."

"어디 있지요? "

"마당으로 들어오고 있습니다."

"성전으로 들어가지 못하게 하고 사무실로 데려오세요."

잠시 후 저벅거리는 장화 소리가 들리더니 긴 칼을 늘여 찬 경찰 세 명이 사무실로 들어섰다. 그중 두 명은 주재소 순사라 낯이 익었으나 금테 모자와 견장을 단, 계급이 높은 듯한 자는 초면이었다.

"이게 누구야? 목사는 어디 있는가?"

그자가 두 눈을 날카롭게 번뜩이며 돌아보았다.

"내가 애양원 담임목사 손양원이오. 헌데 누구신지?"

그러자 주재소 차석이 부동자세로 서서 소개했다.

"이분은 순천경찰서 경무계장이시오."

경무계장이 어깨를 으쓱이며 명령했다.

"어진(御眞)을 대령하라."

두 사람은 가지고 온 두 개의 액자 포장을 조심스럽게 풀었다. 하나는 일장기였고 또 하나는 인물 사진이 들어 있는 액자였다.

"차렷! 덴노헤이카 반자이!(천황 폐하 만세!)"

사진과 국기 앞에서 거수경례를 올렸다.

"목사는 받으시오."

액자 두 개를 차례로 소중하게, 경의를 표하며 받으라 했다.

"잘 알겠지만 어진은 천황 폐하시다. 일장기와 천황 폐하의 어진은 교회 안에 걸어야 한다. 그리고 아침마다 경배를 하도록! 명령에 따르지 않으면 그에 상응하는 벌이 있을 것이다. 당신은 주목받고 있는 불령(不逞) 목사 중 하나로 알려져 있다. 그래서 본관이 직접 관찰키 위해 온 것이다. 알아서 하도록!"

그들은 다시 저벅거리는 장화 소리를 남기고 사라졌다.

"목사님! 어떡하죠?"

김 전도사가 근심스럽게 물었다.

"기도합시다."

손 목사는 심각한 모습으로 30분쯤 기도를 올렸다. 그런 다음 조용히 전도사를 불렀다.

“지금부터 내가 하는 말 잘 새겨들으시오.”

“예.”

“경찰이 온 것은 예삿일이 아닙니다. 일본 왕의 사진을 교회에 걸고 경배하라 하면 우리가, 아니 내가 응할 것 같소?”

“당연히 아니지요.”

“그걸 노리고 있는 것입니다. 거부할 것이다. 그러면 그걸 꼬투리 삼아 날 체포해 가려는 수순입니다.”

“설마요.”

“날 체포하면 난 순순히 따라갈 테니 교회는 전도사님이 맡아 주어야 해요. 흔들리면 안 됩니다. 말썽이 생기면 당국은 우리 교회를 폐쇄시켜 버릴지도 모릅니다. 현명하게 이끌어 가야 해요.”

손 목사는 올 게 왔다는 생각이 들었다. 손 목사는 일왕의 사진과 일장기를 교회에 걸지 않고 목양실 구석에 세워 두었다. 며칠 후 주재소에서 어진과 일장기를 걸었는지를 확인하러 왔다.

“왜 모셔 걸지 않았소? 정말 이해할 수 없는 목사님이시군. 후환이 두렵지 않소?”

“이거 보시오. 교회는 관공서가 아니잖소? 우리 교회는 예수님 초상만 겁니다. 그렇다 해도 날마다 예배 전에 예수님께 절하지는 않습니다.”

“우리도 더는 모르겠소.”

그들은 돌아갔다. 그다음 주 손 목사는 수요일 예배를 맞아 비장한 목소리로 진정 어린 설교를 했다. 제목은 ‘주여! 이 죄를 저들에게 돌리지 마옵소서'였다. 이 제목은 사도행전 7장 60절에 나오는 순교자 스데반의 유언에서 빌려 온 것이었다.

갈라디아서 5장 23-25절과 사도행전 7장 54-60절을 가지고 말씀을 전했다.

진정한 기독교인은 내가 기독교인이라 해서 되는 게 아니고 남들이 참기독교인이라 인정해 주어야 값어치가 있습니다. 교회 출석만 잘한다고 참기독교인이 되는 게 아니며 목사라고 해서 참기독교인으로 인정받지도 않습니다. 천당 설명자가 되지 말고 천당에 들어갈 자가 되십시오. 지옥 설명자가 되지 말고 지옥에 가지 않도록 해야 합니다.

참기독교인은 예수님과 함께 십자가에 못박히는 자입니다. 우리 기독인은 자기의 모든 생활을 십자가에 대못으로 박아야 합니다. 처음에는 말할 수 없는 고통이 따르겠지요. 후회할 때도 있겠지요. 못을 빼내고 도망치고 싶을 때도 있을 것입니다.

하지만 참고 기다리면 십자가에서 흘리신 주님의 피로 우리의 모든 죄가 씻기고 구원받아 고통이 사라지는 것입니다. 고통이 사라지면 다음과 같은 성령충만한 기쁨의 열매가 맺어집니다.

첫째, 그리스도의 사랑입니다. 인간에게는 참사랑이 없습니다. 그 참사랑은 참기독인으로 살아야 얻을 수 있습니다. 오순절날 마가의 다락방에서 예배드렸던 신자들이 체험한 성령의 사랑이 진정한 사랑입니다. 그 사랑을 얻게 됩니다.

둘째, 하늘의 기쁨입니다. 풀의 생명은 푸르름이며 꽃의 생명은 향기인 것처럼 기독인의 생명은 희락입니다. 하늘의 기쁨을 소유한 희락입니다. 그 희락을 얻는 것입니다.

셋째, 평화를 얻는 것입니다. 원수 앞에서 평화의 얼굴을 보인다는 것은 참으로 어려운 일입니다. 기독인의 평화는 언제부터 올까요? 하나님만 바라고 하나님만 앙망하며 살 때 원수 앞에서도 평화를 얻는 것입니다. 구약에서 약속하신 구세주 예수 그리스도가 이 땅에 오셨는데도 그걸 부인하고 예수님이 혹세무민했다고 고발하여 골고다의 십자가에 매달아 죽게 한 바리새인 원수들 앞에서 스데반 집사는 당당하게 외쳤습니다.

"너희 조상들이 선지자들 중의 누구를 박해하지 아니하였느냐? 의인이 오시리라 예고한 자들을 그들이 죽였고 이제 너희는 그 의인을 잡아 준 자요 살인한 자가 되나니 너희가 천사가 전한 율법을 받고도 지키지 아니하였도다 하니라."(행 7:52-53) 그러자 그들은 모두 달려들어 스데반을 돌로 치며 욕설을 뱉었습니다. 하지만 스데반은 성령이 충만하여 하나님의 영광 중에 예수님이 하나님 우편에 서신 것을 보고 더 담대해지며 평화의 얼굴을 하고 무수히 던지는 돌을 맞았습니다.

그러면서 "주 예수여, 내 영혼을 받으시옵소서! 주여! 이 죄를 그들에게 돌리지 마옵소서!"(행 7:59-60) 했습니다. 원수 앞에서 평화와 사랑을 보인다는 것은 바로 용서를 의미합니다. 사랑과 평화는 용서입니다. 우리를 핍박하고 억압하고 탄압하는 자들이 있으면 스데반처럼 주의 이름으로 용서하십시오. 그리하면 분명 그들은 회개할 것입니다. 잘못을 뉘우칠 것입니다. 마태복음 18장 21-22절을 봅시다.

"그때에 베드로가 나아와 이르되 '주여, 형제가 내게 죄를 범하면 몇 번이나 용서하여 주리이까? 일곱 번까지 하오리이까?' 예수께서 이르시되 '네게 이르노니 일곱 번뿐 아니라 일곱 번을 일흔 번까지라도 할지니라'" 하셨습니다. 일곱 번이 아니라 사백구십 번을 용서하라 하셨습니다. 용서합시다. 사람이라면 회개할 것입니다.

설교가 끝나자 성전을 가득 채운 성도들은 감화되어 눈물을 흘렸다. 예사로운 설교가 아니었던 것이다. 어쩌면 마지막을 예고하는 설교 같았던 것이다. 예배 후 당회를 끝내고 손 목사는 사택으로 돌아왔다.

대문 안으로 들어온 손 목사는 흠찔 하고 섰다. 당꼬바지에 캡을 눌러쓴 두 명의 사내가 서 있었다.

"누구시오?"

"이분은 전라남도 경찰부 고등계에서 나오신 가루베 형사님이시오."

대동해 온 여수경찰서 김 형사가 대단한 거물을 소개하듯 말했다.

"무슨 일이지요?"

"조사할 게 있으니 서까지 함께 가줘야겠소."

"알겠소. 잠시 기다리시오."

이미 각오하고 있었던 듯 손 목사는 대답하고 외출복으로 갈아 입은 뒤 형사들에게 부친을 뵙고 가겠다고 말한 다음 건넌방으로 가서 인기척을 했다.

"아버님, 저 양원입니다."

"들어오너라."

방 안에 들어가 보니 부친 손 장로는 기도 중인 듯 방바닥에 엎 드려 있었다.

"아버님, 잠시 다녀올 데가 있습니다."

"죄가 없으니 곧 돌아오겠지. 염려하지 말아라."

밖에서 주고받는 말들을 들어서 경찰서에 연행되어 간다는 것 을 알고 있는 듯했다.

"그럼 다녀오겠습니다."

"오냐. 마음을 담대히 가져라. 누가복음 구 장 육십이 절과 마태 복음 십 장 삼십칠에서 삼십구 절을 기억해라."

아버지 손 장로는 그렇게 말하고서는 나가는 아들을 보지 않고 엎드려 다시 기도하기 시작했다.

마당에는 부인 정양순이 놀란 얼굴로 서 있었다.

"잠시 다녀오리다. 걱정 말고 아버님 봉양 잘해 주시오."

"무사하시길 기도할게요."

부인과 아들들과 헤어져 손 목사는 형사들을 따라나섰다. 밭길

을 따라 얼마를 걷다가 어두워지는 밤하늘을 올려다보니 아버지
얼굴과 함께 아버지가 말씀한 성경 구절이 떠올랐다.

예수께서 이르시되 손에 쟁기를 잡고 뒤를 돌아보는 자는 하나
님의 나라에 합당하지 아니하니라.(눅 9:62)
아버지나 어머니를 나보다 더 사랑하는 자는 내게 합당하지 아
니하고……자기 십자가를 지고 나를 따르지 않는 자도 합당하
지 아니하니라. 자기 목숨을 얻는 자는 잃을 것이요 나를 위하
여 자기 목숨을 잃는 자는 얻으리라.(마 10:37-39)

이것이 일본 경찰에 연행되어 가는 아들에게 준 아버지의 마지
막 당부의 말이었다. 그때는 손 목사도 그게 마지막이라는 걸 몰
랐다. 그렇게 연행된 뒤 집에 돌아가지 못하고 5년 동안이나 옥살
이를 전전했으니, 나중에야 그게 아버지 손 장로의 마지막 격려였
다는 걸 알 수 있었다.
그들은 손 목사를 여수경찰서 유치장에 집어넣고 하룻밤을 새
우게 했다. 그곳은 일반 유치장이 아니었다. 고등계 형사실에 딸린
유치장이었다. 경찰서 고등계라면 어디든 악명이 높았다. 물론 수
사계가 있어 수사를 전담하지만 고등계는 대개 사상범을 수사하
고 체포하며 심문하는 부서였다. 반일, 항일 사상을 가진 애국지
사들을 잡아 악형을 가하는 악명 높은 형사계였다.

10. 악명 높은 고등계 형사실과 복음 전도

이튿날 아침, 손 목사는 고등계 형사실로 불려 나갔다. 그는 유치장에 들어갈 때부터 포승으로 묶여 있었다. 형사실 옆에 있던 이른바 취조실로 끌려갔다. 그 방에는 각종 고문 기구들이 있어 들어오는 사람을 겁에 질리게 했다. 하지만 손 목사는 담담한 표정이었다.

"거기 앉으시오. 내가 누군지 아시오?"

"어제 들어서 압니다. 전남 경찰부 가루베 형사라고요."

"역시 목사는 머리가 좋구먼. 전남 도경에서 직접 형사가 파견되어 당신을 연행해 왔다. 여수경찰서 고등계 형사가 연행해도 될 것을 말이야. 왜 도경에서 직접 나왔다고 보는가?"

"나야 알 길이 없습니다. 형사님! 난 아직 피의자가 아니잖습니까?"

“무슨 말을 하시려구?”

“임의동행했습니다. 조사할 게 있다 해서 온 것일 뿐이란 말입니다. 체포라면 포승을 질러야겠지만 임의동행이라면 포승을 대면 안 되는 거 아닌가요? 이 묶은 거나 풀어 주시오.”

“으음, 말이 통하시는구먼. 조사가 빨리 끝날 수 있을 것 같소.”

“그리고 압수한 작은 성경책을 돌려주시오.”

가루베 형사는 고개를 끄덕이더니 문밖에 대고 부하 형사를 불렀다.

“야마나시 형사! 포승을 풀어 드려라. 그리고 성경책을 돌려주도록!”

젊은 형사가 대답과 함께 들어와 포승줄을 풀어 주고 작은 성경책을 건넸다. 가루베 형사는 책상 서랍을 열더니 백지 10여 장을 꺼내고 잉크병과 펜촉을 밀어 주었다.

“자술서를 쓰시오.”

“자술서라니요?”

“당신 자서전을 열 장 안에 다 쓰란 말이야.”

그러더니 가루베는 자리에서 일어나 밖으로 나가 버렸다. 피의 사실이 이러한데 지금부터 하나하나 문초할 테니 자백하라는 게 상례인데 자서전을 쓰라며 나가 버렸던 것이다.

어쩔 수 없다고 생각한 손 목사는 출생에서부터 어린 시절 그리고 도쿄 유학, 평양신학교 시절과 전도사 사역, 애양원 시무 등을 간략하게 기록하고 가루베가 돌아오기를 기다렸다.

서너 시간이 지나도록 가루베는 오지 않더니 대신 포승을 풀어

준 젊은 형사가 들어왔다.

"다 작성했습니까?"

손 목사가 쓴 것을 건네자 그는 그걸 잠시 일별했다. 그러더니

종이를 들고 벌떡 일어섰다. 화난 얼굴이었다. 손 목사 앞에 서서

손 목사가 작성한 자술서를 쫙쫙 찢어 휴지통에 처박았다.

"당신, 여기 취직하려고 이력서 써 가지고 온 줄 아나? 응? 백지

를 열 장 주었으면 깨알 같은 글씨로 다 채워야 할 거 아니야? 다

시 써, 자식아! 그리구 배운 놈이라면 언문으로 쓰지 말구 국문(일

문)으로 쓰도록 해."

욕을 했다.

"지나치시군요."

"이 새끼야. 여긴 예배당이 아냐? 알았나? 정신이 번쩍 나게 해

줄까? 엥?"

갑자기 손 목사의 따귀를 갈겼다.

"한 시간 후에 다시 들어올 테니까 잘 써봐. 가루베 형사님 마

음에 들 때까지 쓰고 또 쓴다."

젊은 형사가 휭하니 나가 버렸다. 손 목사는 흙탕물을 뒤집어쓴

것 같은 모욕감을 느끼며 어쩔 줄 몰랐다. 하지만 참을 수밖에 없

었다. 그는 용서하자고 되뇌었다. 자술서는 세 번을 새로 쓴 뒤에

야 접수되었다.

가루베 형사는 저녁이 되어서야 돌아왔다. 유치장에 돌아가 있

던 손 목사를 다시 불러냈다. 옆자리에 젊은 형사 야마나시를 앉혀 두고 조서를 작성하도록 했다.

"저녁 식사는 했지요?"

"예."

"관식은 나라에서 주는 밥이니 남기면 안 됩니다. 그건 그렇고 어디 보자."

그는 손 목사가 기록한 자술서를 검토하기 시작했다.

"역시 도쿄 유학생은 뭐가 달라도 다르군. 정확하고 유려한 국문을 쓰고 있어 하는 말이오. 그런데 빠진 게 많구먼."

"뭐가 빠졌다는 게요?"

"학교 다닐 때 문제 일으킨 것은 왜 없지요?"

"문제라니요?"

"시치미 뗄 거요? 당신은 천황 폐하가 계신 황궁에 아침마다 요배하는 것을 지키지 않았어. 퇴학 직전까지 갔지만 교장이 선도하겠다는 조건으로 그냥 덮어 두었지. 그런 사실 없소?"

"……있습니다."

"왜 그랬지요?"

"우리 기독교 교리에 벗어나는 것이라 거절했던 것입니다."

"당신 아비가 시켰나?"

"아닙니다."

"시키지 않았으면 어린 당신이 뭘 알아서 거부하나? 당신 아비 손종일은 만세시위를 주동하였다가 복역한 전과자지?"

"교리가 시킨 거지 아버지가 시킨 건 아니오."

"좋아요. 경성 중동학교를 중퇴하고 귀향했다고만 나와 있는데, 중퇴 이유가 뭐지요?"

"학비 조달이 어려워 중퇴한 겁니다."

그러자 가루베는 책상을 소리 나게 쳤다.

"중퇴 이유가 이렇게 문서로 남아 있는데도 초장부터 당신 거짓말 할 거야? 이걸 보라!"

문서 한 장을 휙 집어던졌다. 얼핏 보니 중동학교에서 보낸 문서였다.

"당신 아비 손종일이 만세시위를 하고 잡혀 들어가자 항의하는 뜻으로 자퇴를 청하고 학교를 중퇴한 것으로 나와 있잖아?"

"좋도록 생각하시오."

"손 목사. 당신은 지금 참고인 조사를 받고 있는 게 아니라 피의자 조사를 받고 있다는 걸 명심해요. 한마디가 재판 형량에 커다란 영향을 미친다는 걸 알란 말이오. 다시 한 번 묻겠소. 좋도록 생각하란 말은 긍정이오?"

"예."

"대답은 언제나 두 가지로! 예스, 노. 알았소? 그리고 당신의 이력과 신원과 저질러 온 일들은 아주 소상하게 조사돼 있다는 걸 아시오. 오래전부터 조사한 거니까 절대 거짓말로 빠져나갈 생각 말아요. 주변을 둘러보시오. 저 기구들이 뭐하는 건지 아시겠지? 고문 기구요. 괜히 칠성판에 눕혀 놓고 두들겨 패진 않는단 말이오. 거짓말하기 때문에 당하는 거란 걸 명심하시오."

"목사는 거짓말하지 않습니다."

"무식한 놈은 거짓말 못 해. 당장 들통이 나니까. 거짓말은 유식한 놈일수록 잘하는 것이다."

"하나님이 불러서 세워 주신 주님의 종은 절대 거짓말하지 않습니다. 하나님께서 용납하시지 않기 때문입니다."

"말 같은 소릴 하시오. 그걸 어떻게 자신 있게 말하시오?"

"내가 있는 건 내 가정이 있고 가정이 있는 건 나라가 있기 때문이니 국기를 걸어 두고 언제나 고맙다는 절을 하라, 그걸 반대하거나 이해 못 할 사람 없을 거요. 그건 천황의 사진도 마찬가지요. 천조대신을 모신 신사에 모든 국민은 참배해야 한다는 것도 이해합니다."

"이해? 참배할 수도 있다는 뜻이오?"

"아닙니다. 국민적 의식의 일환으로 이해한다는 말입니다. 우리 기독교도들이 참배를 거부하고 반대하는 이유는 바로 이렇습니다. 한번 보시지요."

손 목사는 자기 앞에 두고 있던 작은 성경책을 펼쳐서 십계명을 보여 주었다.

"십계명 중 제 일계명을 보시오."

그러자 가루베가 건네받고 들여다보았다. 어깨너머로 야마나시 형사도 보았다.

"언문 아닌가?"

일본어가 아니라는 것이었다.

"그러시면 내가 십계명의 내용을 외워 보겠습니다. 십계명의 제일은, 너는 나 외에는 다른 신들을 네게 있게 말라. 제이는, 너를 위하여 새긴 우상을 만들지 말고 또 위로 하늘에 있는 것이나 아래로 땅에 있는 것이나 땅 아래 물속에 있는 것의 아무 형상도 만들지 말며 그것들에게 절하지 말며 그것들을 섬기지 말라. 제삼은, 너는 네 하나님 여호와의 이름을 망령되이 일컫지 말라."

"그만!"

눈을 감고 듣고 있던 가루베가 꽥 외쳤다. 그러더니 옆을 바라보고 야마나시 형사를 나무랐다.

"너는 정신이 있는 건가 없는 건가? 그따위 것을 조서에 기록하다니."

"죄송합니다. 시정하겠습니다."

"손 목사, 당신 대단하군? 잡혀 와서도 예수교를 선전하니 말이야?"

"현재도 일본 전역에는 우리 그리스도교 신도들이 계속 늘어나고 있습니다. 구세주는 우리들을 죄에서 구해 주시고 영생을 약속하셨습니다. 형사님도 마음을 바꿔 보십시오. 새로운 세상이 펼쳐져 보입니다."

손 목사는 기회를 잡았다는 듯, 형사 둘을 앉혀 놓고 열심히 전도했다.

"그 정도로 해두시오. 결론은 그래서 신사참배를 반대하고 거부해 왔으며 거부하고 있다, 그런 말이군? 당신 스스로 결론을 내주니 조사가 한결 편해졌소. 그러나 문제는 혼자만 반대했다면 그런가 보다 하겠지만 당신은 신학교 재학 중일 때부터 기회 있을 때마다 만나는 사람에게 신사참배는 거부해야 하며 그러기 위해서는 하나로 뭉쳐 당국과 맞서 싸워야 한다고 선동했는데?”

“……”

“부정하시나? 당신과 평양 산정현교회 목사 주기철과는 어떤 사인가?”

“내 스승이오.”

“주기철의 사주를 받아 영남 호남 지방을 근거로 참배 거부운동을 펼치기로 약속하지 않았나?”

“사주받아 할 일이 아니오. 스스로 판단하여 한 일이오.”

“오라, 거부운동을 했다는 것은 수긍하시는군?”

“하지만 조직적으로 기구를 만들거나 협의한 적은 없소.”

“민기신, 이정우는 당신과 경남성경학교 동문들 맞는가?”

“예.”

“그들 자백에 따르면 부산 부민동교회에서 당신이 주모하여 항일 비밀결사를 모의했다고 했다. 사실인가?”

“아닙니다. 부흥회 관계로 만난 적은 있어도 항일 비밀결사 조직을 모의했다는 건 어불성설입니다. 우린 순수한 종교인입니다. 독립운동 하는 사람들도 아닌데 비밀결사라니요?”

“손바닥으로 하늘을 가리지 말라! 당신들은 신사참배 거부를 빌미로 반일운동을 하고 있었다. 어떤 비밀단체와 연계돼 있는지 말하라!"

가루베는 비약하고 있었다. 수사를 확대하여 반일 지하운동을 모의하고 실행하고 있는 것처럼 뒤집어씌우려 했다. 그 같은 단서만 찾아낸다면 가루베는 상부로부터 공을 인정받을 수 있을 터였다. 그 때문에 그는 집요하게 파고들었다.

"전혀 그런 사실 없습니다."

그러자 가루베는 큰소리로 야마나시 형사를 불렀다.

"예, 주임님."

"이자를 매달아라. 자백할 때까지 맛을 보여 줘!"

"옛."

지금까지와는 다르게 가루베의 태도가 변했다. 고등계 형사의 본색이 드러난 것이다. 야마나시는 손 목사를 일으켜 세우더니 옷을 벗겨 냈다. 당장 팬티 한 장만 걸친 알몸이 되었다. 야마나시는 능숙한 솜씨로 손 목사의 두 손목을 하나로 묶어 매달았다.

"물기가 있어야 채찍이 살갗에 착착 감기며 파고들 수 있다. 물 좀 뿌려라."

야마나시가 양동이의 물을 온몸에 끼얹었다.

"바른대로 불 때까지 쳐라."

"옛."

야마나시는 작은 쇠구슬이 수없이 달린 채찍으로 손 목사의 등을 갈기기 시작했다.

"악! 하나님 아버지!"

손 목사의 입에서 비명이 터져 나오고 등줄기가 터져 피가 흘렀다.

"부민동교회에서 결성한 비밀결사는 겉으로는 신사참배 문제를 내세우고 내부적으로는 동지들을 규합하여 독립운동에 나서기로 했으며 송도중학교 교사 민기신을 회장으로 세워 배후에서 조종했다. 인정하겠지?"

가루베가 옆에 서서 냉정하게 물었다.

"민기신 집사가 회장인 것은 그 교회 청년회장이었기 때문이고, 우린 절대 결사를 만든 사실 자체가 없소."

"민기신은 신간회 회원이고 도산 안창호 추종자였다. 당신이 평양신학교에 다닐 때도 평양을 왕래하며 비밀단체를 만들고 독립운동자들과 접촉해 왔다는 사실을 민기신이 자백했다. 당신은 평양에서 변화산회라는 것을 조직했고 민기신은 부산에서 변화산회 지부를 만들었다. 당신이 신학교를 나오고 여수 애양원에 부임하면서 부산 활동을 본격화했지. 변화산회 회원 명단과 사업 내용을 밝혀라. 어떤가? 내려 주면 자백할 텐가?"

"……."

"내려 주라."

가루베가 명했다. 야마나시는 풀어 주고 옷을 걸치게 한 다음 걸상에 앉혔다.

"회원 명단은 어디에 숨겼는가?"

"민기신이 변화산회 회원이었던 건 사실입니다만 그 회를 너무 과대평가하진 마십시오."

"무슨 소리지?"

"변화산은 성경에 나오는 거룩한 기적의 산 이름입니다. 그 산 이름을 딴 성경학습 연구회 모임이 변화산회입니다. 다시 말하면 성경공부를 하던 신학생들의 순수한 모임입니다. 못 믿겠다면 내가 변화산에 관한 관련 성경 말씀을 외워 볼까 합니다."

손 목사는 피맺힌 얼굴을 들고 두 눈을 감은 채 성경 구절을 암송했다.

엿새 후에 예수께서 베드로와 야고보와 그 형제 요한을 데리시고 따로 높은 산에 올라가셨더니 그들 앞에서 변형되사 그 얼굴이 해같이 빛나며 옷이 빛과 같이 희어졌더라. 그때에 모세와 엘리야가 예수와 더불어 말하는 것이 그들에게 보이거늘 베드로가 예수께 여쭈어 이르되 "주여, 우리가 여기 있는 것이 좋사오니 만일 주께서 원하시면 내가 여기서 초막 셋을 짓되 하나는 주님을 위하여, 하나는 모세를 위하여, 하나는 엘리야를 위하여 하리이다." 말할 때에 홀연히 빛난 구름이 그들을 덮으며 구름 속에서 소리가 나서 이르시되 "이는 내 사랑하는 아들이요 내 기뻐하는 자니 너희는 그의 말을 들으라" 하시는지라. 제자들이 듣고 엎드려 심히 두려워하니 예수께서 나아와 그들에게 손을 대시며 이르시되 "일어나라, 두려워하지 말라" 하시니

제자들이 눈을 들고 보매 오직 예수 외에는 아무도 보이지 아니하더라.(마 17:1-8)

"당신은 고문을 당하면서도 기회만 있으면 예수교를 전하려고 기를 쓰는군. 내가 지금 당신 설교를 듣자는 게 아니잖나."

가루베가 짜증 나는 듯 소리 질렀다.

"형사님, 변화산에 대해 물으셨으니 내가 해명하는 거 아닙니까? 들으신 것처럼 예수님은 하나님의 아들이요 하나님이 기뻐하시는 자니 그의 말을 들으라, 그의 말은 참진리이니 들으란 말입니다. 제자들 앞에서 태양처럼 빛나고 빛과 같이 희어지는 그 변화의 기적을 보이신 것은 우리에게 변화하란 말씀입니다. 그 변화가 무얼 뜻하는지 성경공부를 하는 모임이 변화산 모임이었습니다."

손 목사는 경찰서에 잡혀 온 그 시간부터 틈만 나면 복음을 전했다. 특히 가루베의 심문 기회를 활용하여 그에게 성경공부를 시켰던 것이다. 손 목사 쪽에서 보면 공부를 시킨 것이고 가루베 쪽에서 보면 지겨운 일이었다.

그러나 믿음은 들음에서 난다고 하지 않았던가. 자꾸 들으며 손 목사를 심문하다 보니 가루베 형사는 성경과 예수교의 교리를 모르고는 자기가 원하는 수사 방향으로 끌고 갈 수 없음을 알고 때로는 성경책도 들여다 보곤 했다.

"변화가 뭔가? 변화는 개혁을 의미하고 반역을 의미하며 혁명을 의미한다. 당신은 성경을 방패 삼아 반역적인 독립운동을 주도

한 것이다. 목사 주기철 또한 성경적인 절개를 지킨다는 명분 아래 신사참배를 거부하며 조만식을 비롯한 볼온한 민족주의자들과 함께 항일운동을 주도하다 투옥된 것이다. 당신은 바로 주기철을 이은 새로운 두목이야."

손 목사는 8일 동안 여수경찰서에 있으면서 주야로 취조를 받았다. 고등계 형사 가루베는 손 목사를 신사참배 거부 목사이면서 민족진영의 항일 지하운동 조직과 연계되어 암약하던 불온분자로 몰아 한 건 잡아 보려 했지만 그건 애초 무리한 수사였다는 걸 알고 피의자 조서를 마무리했다.

"이 조서는 당신의 진술을 토대로 작성한 것이다. 읽어 보고 서명날인 하도록!"

가루베는 200여 쪽에 달하는 조서를 내밀었다. 그걸 다 읽고 난 손 목사는 진술하지도 않은 거짓이 많아 날인을 할 수 없다고 버텼다. 하지만 계속 버틸 수는 없었다. 손 목사가 칼날을 잡고 있다면 가루베는 칼자루를 쥐고 있었기 때문이었다.

이 지루한 공방은 거의 1년을 끌었다. 여수경찰서 유치장에서만 10개월 동안 고생했던 것이다. 그러나 그 1년 동안 경찰은 교회나 가족들에게 아무런 연락을 해주지 않아 가족과 성도들은 그의 생사 여부를 몰라 애를 태우고 있었다.

"안 되겠다. 내가 여수에 나가 알아봐야겠다."

견디다 못한 부인 정양순이 나섰다.

"아시는 것도 없으면서 어디를 가신다구 그러세요? 고생만 하세요.”

큰아들 동인이 만류하며 못 가게 했다.

“생각해 보니까 쌍봉댁이라구, 내가 아는 분이 경찰서 앞에서 식당을 한다는 소문을 들은 적이 있어. 일단 나가서 알아보면 무슨 수가 있을 게다.”

정양순은 젖먹이를 들쳐 업고 신풍역으로 나가 기차를 타고 여수 시내로 갔다. 아닌 게 아니라 쌍봉댁은 경찰서 바로 앞에서 조그마한 식당을 하고 있었다.

“벌써 반 년이나 소식이 없어요? 내가 알아볼게요. 우리 집에서 밥을 시켜 먹으니까 서 안에 단골들이 많아요.”

쌍봉댁은 경찰서 안으로 들어갔다 나오더니 소식을 알아 가지고 왔다.

“목사님은 이제야 조사가 다 끝나서 내일 광주형무소 미결감으로 넘어간답니다.”

“고마워요.”

정양순은 집으로 돌아가서 매일 걱정으로 지새우는 시아버지께 그 사실을 알리고 이튿날 아침 아이들을 모두 데리고 여수로 나왔다. 언제 어느 때 손 목사가 나올지도 모르면서 가족들은 경찰서 정문 앞에 서서 마냥 기다렸다.

얼마나 기다렸을까. 어린아이들은 다리가 아프다고 칭얼거렸다. 그때였다. 큰아들 동인이 소리쳤다.

“아버지다! 어머니, 저기 아버지가 나오세요.”

그 소리에 정문 쪽을 바라보던 식구들은 놀라서 순간적으로 굳었다. 어린 동생들이 일제히 앙 하고 울음을 터뜨렸다. 포승에 묶인 피골이 상접한 손 목사는 머리를 박박 깎인 채 두 명의 형사들과 함께 나오다가 멈칫 섰는데 그걸 본 아이들이 낯설어서 울음을 터뜨린 것이었다.

"아버지!"

"동인아!"

아들을 부르더니 아내가 있다는 걸 알고 뭐하러 나왔느냐고 말은 하면서도 반가움이 스쳤다.

"건강하시구요?"

"원래 나 강단이 있잖소? 괜찮으니 염려 말아요. 아버지께서는?"

"건강하세요. 어디루 가세요?"

"광주로 가오."

"시간 없다. 빨리 차에 타!"

김 형사가 그의 아내와 아이들을 밀어내며 손 목사를 잡아끌었다.

"여보! 초지일관하세요."

그의 아내가 급하게 소곤거렸다.

"염려 말고 기도해 주시오."

손 목사는 차에 태워져 순식간에 순천 방향 큰길로 사라졌다.

드디어 1941년 11월 4일.

손 목사는 광주재판소로 넘어가 광주형무소 미결감에 수감되어 재판을 받게 되었다. 손 목사를 담당한 검사는 일본인 요다였다. 요다 검사는 기소 여부를 정하기 위해 손 목사를 취조하고는 그의 거룩한 성직자의 모습에 마음속에 찔림을 받았으면서도 내색은 하지 않았다.

손양원 목사는 1심에서 1년 6개월 징역형을 선고받았다. 손 목사는 몸을 잘 가누지 못할 정도로 지친 모습이었다. 경찰, 검찰에 시달리며 심신이 쇠약해질 대로 쇠약해져 있었던 것이다. 재판이 끝나고 간수의 부축을 받아 재판정을 나서려 할 때 요다 검사가 간수를 불러 세웠다.

"옛."

"미결감에서의 손 목사 태도는 어땠는가? 개과천선의 모습은 보이던가?"

"예, 검사님. 많이 달라졌습니다. 아침마다 황궁요배도 빼먹지 않고 있습니다."

"으음, 그래? 전향이라, 반가운 소식이군."

요다 검사가 그 말을 꺼낸 속내는 다른 데 있었다. 손 목사가 병색이 완연할 만큼 쇠약해 보이니 병보석으로 내보내 줄까 하는 동정심에서였다. 그건 간수도 마찬가지였다. 평소 간수는 손 목사에게 존경심을 갖고 있었다. 그래서 나선 것이었다.

그러나 그때 손 목사가 두 사람 사이에 끼어들며 황급히 부정했다.

"황궁요배라니요? 난 감옥 안에서든 밖에서든 해본 적이 없는
사람이오."

"뭐라구? 후데이 조센징은 어쩔 수 없군."

요다 검사가 외면했다. 거짓말이 들통 난 간수는 얼굴이 벌게진
채 손 목사의 손과 팔에 포승을 지르며 황급히 끌고 나갔다.

그날부터 손 목사는 광주형무소 기결감으로 넘어가 1년 6개월
의 옥살이를 시작하였다. 다행인 것은 독방이 아닌 합방에서 지
내게 되었다는 것이었다. 독방에서보다는 여러 명의 죄수가 함께
지내는 합방이 복음 전도를 할 수 있는 여건이 좋았기 때문이다.
함께 있는 죄수는 열한 명이었다. 전도할 수 있는 시간은 저녁 시
간밖에 없었다. 아침 식사를 하고는 직업 훈련을 위해 각각 다른
작업반으로 일하러 나가기 때문이었다. 손 목사는 목공소 소속
이었다.

처음에는 믿지 않으려고 거부했지만 6개월이 지나면서부터 방
안 식구들 절반이 예수를 영접하게 되었다. 특기할 일이라면, 간
수 중에 교인이 하나 생겨났다는 것이다. 그 간수는 요다 검사 앞
에서 손 목사 보석을 위해 거짓말을 했던 동포였다.

손양원 목사가 투옥된 후 얼마 지나지 않아 애양원에 불길한
사건이 겹쳐 일어났다. 일제가 애양원을 적국(敵國) 선교사들에게
맡길 수 없다며 윌슨 원장과 원가리 목사를 본국으로 추방해 버

렸던 것이다.

그러고는 일제 당국은 애양원을 관리하겠다며 일본인 원장과 일본인으로 구성된 직원들을 들여보내 병원과 수용소를 차지했다. 새로 부임해 온 원장은 안도라는 자였는데, 안도는 부하 직원을 시켜 자신이 이사해 살아야 하니까 목사 사택을 비우라고 일방적인 통고를 했다. 청천벽력 같은 소리였다. 당장 집을 구해 나갈 여력도 없을 만큼 손 목사 가족은 가난했다.

"아버님, 어찌하면 좋을까요?"

칠순이 넘은 시아버지 손 장로에게 물었다.

"싸울 수도 없고 여기서 떠날 수밖에 없다. 애양원까지 일제가 강제로 접수한 걸 보면 갈수록 핍박이 더 심해질 것 같다."

"아예 아버지 계신 광주로 이사하는 게 어떻겠어요?"

큰아들 동인이 말했다. 광주형무소 가까운 곳으로 이사하여 아버지 옥바라지를 하는 게 좋겠다는 것이었다. 이윽고 온 가족은 광주로 이사하게 되었다. 사글세 방 한 칸을 얻어 온 식구가 함께 생활해야 하니 그 참상은 이루 형언할 수 없었다.

그러던 어느 날 골목에서 놀던 동장이가 대문 안으로 뛰어들며 고했다.

"어머니! 고모가 오셨어요."

집 안으로 들어온 사람은 여수 애양원에서 온 두 사람이었다. 얼굴이 흉터로 일그러진 정 장로와 평소에도 식구들이 고모 고모 하며 부르던 황덕순이었다. 황덕순은 18세에 애양원 성가대 반주자로 들어와 그로부터 평생 손 목사를 따른, 손 목사와는 신앙으로 맺어진 오누이였다.

손 목사가 애양원의 일들을 더 자세히 알아보기 위해 옥중에서 황덕순에게 편지를 보내곤 했는데, 남겨진 편지에 보면 누이동생 양선이란 가명으로 편지가 오고 갔음을 알 수 있다. 그녀는 가벼운 나병을 앓고 나아 겉으론 표가 나지 않았으나 미혼으로 일생을 보낸, 애양원의 산 역사였다.

"장로님, 건강하세요? 얼마나 고생 많으세요?"

손 장로에게 인사하자 그는 빙그레 웃으며 고개를 끄덕였다.

"고생이야 옥중에 있는 손 목사가 하지, 나야 뭐……."

"이거 받으시지요."

그때 손수건에 싼 뭉텅이 하나를 전했다.

"이게 뭔가?"

"돈입니다. 목사님 가족이 고생하시는 걸 볼 수 없다며 모두 십시일반해 모았지만 워낙 빈한들 하니 몇 푼 안 모였습니다. 더구나 일본인 원장이 알까 봐 쉬쉬하며 겨우 거둔 것입니다."

때 절은 손수건 속에서 꼬깃꼬깃한 지전 700원이 나왔다. 그걸 받아 손 장로가 정양순에게 건네자 그녀는 그만 울음을 터뜨리고 말았다. 그게 어떤 돈인가. 문둥이라 손가락질 받으며 굶어 죽지 않으려고 피땀 흘려 일해서 얻은 피 같은 돈이었다. 그런 돈을 십시일반했다니, 보기만 해도 고마운 돈이란 생각이 들었던 것이다. 사모가 울자 방 안에 있던 모든 사람이 눈물을 훔쳤다. 그 눈물의 의미를 알고 있었던 것이다. 하지만 그 돈은 몇 달을 채 버티지 못할 만큼 적은 액수였다.

어느 날 부산에서 편지 한 통이 왔다. 부산에서 통(桶) 공장을 운영하고 있던 박신출 집사였다. 애양원에서 쫓겨난 손 목사의 가족들이 고생하는 게 눈에 보이는 듯하여 가슴 아프다는 말과, 일단 가족의 생계를 위해서는 일을 해 돈을 벌어야 하니 큰아들 동인이와 둘째 동신이를 통 공장에 보내라는 내용이었다.

"어떡하든 학교에 다녀야지, 집안이 어렵다고 지금 당장 공장에서 일하게 할 수는 없다."

정양순 사모가 반대했다.

"학교는 부산에 가서 알아보고 천천히 다녀도 돼요. 동생 데리고 가겠습니다."

큰아들 동인이 고집을 세우자 정양순은 난감하다는 듯 손 장로에게 물었다.

"제 말이 맞지요? 아버님?"

"동인이 말에 따르자. 당장 급한 건 목숨을 부지하는 것이다. 그리고 나도 마음 정했다. 봄이 되면 자꾸만 오라고 하니 만주 하얼빈에 있는 동인이 숙부집으로 가 있겠다."

손 목사 아우 문준은 진작부터 부친께 편지를 보내 자기가 모실 테니 만주로 오시라고 하였다. 그는 하얼빈에 살고 있었다. 하지만 만주 땅은 너무나 멀고 추운 곳이라 엄두를 내지 못하고 있었지만 손 장로는 그 아들 집으로 가겠다는 마음을 정한 듯했다.

이윽고 동인과 동신이 부산으로 갔다. 동인은 통 만드는 공장에 다니게 되었고, 동신이는 다른 상점에서 열심히 일했다. 형제가 모은 한 달 월급이 23원이었는데, 그들은 3원만 쓰고 20원은 집으로 보냈다.

사장인 박 집사는 부산 범냇골 산꼭대기에 판잣집 하나를 마련하고 광주에 있던 손 목사의 나머지 가족까지 이사해 다 같이 살게 해주었다. 가족들은 모두 한집에 살게 된 것과, 주기철 목사의 셋째 아들 영해 군과도 한 식구처럼 지낼 수 있어 기뻤다. 주기철 목사도 신사참배 거부로 투옥당하여 복역 중이었는데, 박 집사가 주 목사의 식구들을 도와주려고 셋째 영해를 취직시켜 데리고 있었던 것이다.

11. 예방 구금은 종신형

드디어 1년 반이 흘러 손 목사의 만기가 가까워지고 있었다. 만기 출소를 앞두면 사상범은 개과천선을 했는지 여부를 따지기 위해 교정 선도위원회의 면담을 받아야 했다. 위원회 위원은 담당검사, 형무소장, 감찰과장, 보도과장 등 네 명이었다.

마침내 손 목사가 불려 나갔다. 방 안으로 들어간 그는 흠칫 놀랐다. 요다 검사와 형무소장 그리고 실무 담당 감찰과장, 보도과장 등이 와 있었던 것이다. 간수가 손 목사를 그들 맞은편 자리에 앉히고 나갔다.

"수인 번호 사백칠십팔 번 손양원입니다."

감찰과장이 보고했다. 그러자 소장이 말을 받았다.

"사백칠십팔! 만기일이 이제 열흘 남았다. 알고 있겠지?"

"예."

"본 위원회는 출소자의 인간성 및 사상 개조 여부를 따져 보고 석방 여부를 결정하는 기관이라 알면 된다. 형을 받아 복역하는 것은 죗값을 치르는 행위이며, 그 행위는 출옥한 뒤에 다시는 같은 종류의 범죄를 저지르지 말라는 뜻도 들어 있다. 특히 사상범은 개전(改悛)의 정을 가지고 새사람이 되어 황국신민으로서 의무를 다할 수 있는 준비 태세를 갖춰야만 석방이 가능하다는 걸 명심하기 바란다."

"……."

"나하고는 구면이지요? 검찰 조사 담당은 본관이 했으니까."

요다 검사가 알은체를 했다.

"예."

"어때요? 지난 일 년 육 개월간 교정 기간을 가졌으니 여러 가지를 뉘우치고 반성했으리라 보는데?"

"우리는 연약한 인간이기 때문에 언제나 알게 모르게 수많은 죄를 짓고 살고 있습니다. 그 죄에 대해 매일매일 하나님 앞에서 회개하고 있습니다."

"그건 바람직한 일이군? 어떻소? 출소하면 과거의 과오는 깨끗이 청산하고 종교보국을 해야 할 텐데 각오는 돼 있소?"

"종교보국이라니, 무슨 뜻으로 하시는 말씀이지요?"

"아시면서? 신사참배를 생활화하고 제국에 충성을 다해야 한다는 말이오."

"충성은 하겠지만 신사참배는 누누이 말씀드린 것처럼 교리에 어긋나기 때문에 받아들일 수 없습니다."

"일 년 반 복역을 했지만 유치장 생활까지 합치면 삼 년 가까이 옥살이를 한 셈이지. 혼자된 당신 노부는 칠순이 넘어 병으로 누워 있고 아내와 자식들은 당신 나오기만을 고대하고 있다는 걸 아시오. 가네모도 과장!"

요다가 감찰과장을 불렀다.

"예."

"손 목사에게 전해 주기 위해 가져왔다는 편지는 어디 있나?"

"여기 있습니다."

"보여 주라."

과장은 편지 하나를 가져다가 손 목사에게 건넸다.

"겉봉에 적힌 이름을 보시오. 부친이 보낸 편지 같던데?"

과장은 손 목사에게 편지 봉투를 보였다. 부친의 글씨 비슷했다. 내용을 꺼내 보려 하자 과장은 편지를 압수했다.

"나중에 보시오. 내가 먼저 읽어 보았소. 부친께서는 노환으로 누워 사는 날이 많은데 자나깨나 감옥에서 고생하는 아드님 생각에 눈물이 마를 날이 없다고 쓰여 있었소. 부친께서는 개인보다는 교회에 모여 있는 신도들을 생각하라 하고 있었소. 목사가 없어 신도들은 길 잃은 양 떼처럼 뿔뿔이 흩어져 버렸으니 투쟁도 그만하면 되었다, 요다 검사와 이미 편지로 다 약속이 되어 있으니 적당한 선에서 타협하고 귀향하기를 바란다, 그런 내용으로 편지를 쓰셨소."

"그럴 리가 없습니다."

손 목사가 고개를 흔들었다.

"우리 아버지께서는 절대 불의에 타협하지 않으실 분입니다."

"내가 당신 부친에게 편지를 했었소. 손 목사가 몸이 약하고 잔병이 많으니 가석방을 시키고 싶은데 교리를 내세워 고집을 부리고 있어서 안 된다, 아드님을 잘 설득해서 가석방이라도 받게 해 집에서 정양시키도록 하라. 그랬더니 답장이 온 거요. 답장의 결론은? 석방시켜 주면 책임지고 아드님을 설득하겠다는 것이었소. 어떻소? 부친 말대로 석방을 해줄 테니 나가시는 게?"

그는 인심 쓰듯 말했다.

"이제 만기가 되어 며칠 후면 출소할 텐데 가석방이 무슨 소용 있지요?"

"출소 여부를 결정하기 위해 본 위원회가 열린 것이오. 당신이 개과천선하지 못했다면? 계속 거부한다면? 구금소로 넘어가 교정 감호 복역을 계속해야 하오. 다시 말하면 무기징역을 받는 거나 마찬가지요. 하지만 지금이라도 당국에 협조만 약속한다면 즉시 석방해 줄 수도 있단 말이오."

"삼 년 전이나 지금이나 내 신앙관과 신념은 변함이 없습니다. 내 아버지를 끌어들여 회유하면 넘어가리라 생각했겠지만 아버지의 신념을 꺾지는 못했을 겁니다. 절대 불의에 타협하지 않으실 분입니다. 당신이 내민 그 편지는 날조된 가짜임이 분명합니다. 부친의 글씨를 흉내 냈을 뿐입니다. 봉투만 봐도 알겠는데 내용은 보나마나입니다."

그러자 형무소장이 화를 냈다.

"구제불능 인간이군! 걸레는 빨아도 걸레지 행주가 될 수 없다
더니 저런 자를 두고 하는 말이군. 전향하지 않으면? 구금소행이
야. 구금소로 가서 당신 머릿속을 완전히 세탁할 때까지 감호 속
에 살아야 해. 그래도 좋은가?"

"가야 한다면 갈 수밖에 없습니다. 처음 광주 검찰에 넘어왔을
때 요다 검사님 앞에서 분명히 말씀드렸습니다. 기독교 믿음은 고
난과 핍박 속에서 성장한다고 말입니다. 우리 주님은 혹세무민한
다는 이유로 십자가형을 받고 매달려 온갖 욕설과 채찍을 견디며
피를 흘리고 돌아가셨습니다. 죽으신 이유는 바로 우리 죄를 대속
하시고 그 핏값으로 우리를 구원하시기 위해서였습니다. 주님께
서 가신 그 고통과 고난의 길을 간다는 것은 영광이며 기쁨으로
받아들이겠습니다. 최후의 승리자는 우리이기 때문입니다."

손 목사의 그 말은 최후 진술처럼 되었다. 위원들은 잠시 머리
를 맞대고 상의하더니 형무소장이 결정 사항을 선포했다.

"수인 번호 사백칠십팔 번 손양원. 개전의 정이나 그 의지가 없
어 구금소 보호감호에 처함을 명함."

보호감호는 만기 출소해도 재범의 위험이 있는 죄수를 따로 구
금하여 교정교육을 시키는 제도였다. 위험한 중죄자들이 해당되
는 건데, 손 목사가 포함된다는 것은 그를 위험한 사상범으로 본
것이었다.

보호감호는 언제까지란 기간도 없었다. 일제가 만족하여 석방해도 좋다고 할 때까지 구금하는 것이어서 실제로는 종신형을 받은 거나 마찬가지였다. 일제에 협조하겠다, 한마디만 했으면 석방되어 가족과 성도들이 기다리는 집으로 돌아갈 수 있었는데도 손 목사는 가시밭 십자가 길을 택했다.

1943년 5월 20일. 손 목사는 광주형무소에서 경성 서대문 형무소에 있던 예방(豫防) 구금소로 이감되었다. 당시 상황은 아들이 돌아오기를 학수고대하던 아버지 손종일 장로에게 보낸 손 목사의 편지에 잘 드러나 있다.

부주(父主) 전(前) 상백시(上白是)
하나님 아버지와 예수 그리스도로 말미암아 건강과 장수의 복이 내 노부님에게 임하시기를 엎드려 빌기를 마지않나이다. 세월을 주름잡아 굴지대망(손꼽아 기다림)하시던 5월 17일에 얼마나 놀라시며 (출소하지 못해서) 근심하셨나이까.
불초 양원은 무슨 말로써 어떻게 위안을 올리리이까. 아무 도리는 없사옵고 다만 믿기는 아브라함, 욥 같으신 반석 같은 그 신앙으로써 스스로 위안과 복을 받으시기를 바랄 뿐이올시다.
5월 20일. 예방 구금소로 가기로 언도를 받았습니다. 성경 교리를 그대로 절대 신앙한다고 하여 그럽니다. 그래서 6월 2일 공소(항소)하려고 복심(항소심) 법원에 수속하였습니다. 이는 불평의 감정이나 괴로움을 면해 보려 해서 그러는 게 아니라 성경 교리를 다시 한 번 증거하려는 것뿐이올시다.

이달 20일경이나 그믐 안으로 대구 가면 8월 중으로 끝나서 경성구금소로 갔다가 경성 서대문형무소 내 예방 구금소로 가게 됩니다. 구금소라는 곳은 편지나 면회는 매월 몇 번이고 누구나 자유로우며 모든 것이 다 그 안에서만은 자유이오니 안심하여 주옵시며 행여 만주 동생 집에 가실 때에는 면회하여 주심을 바라옵니다.

좋은 특사가 행여 내려지면 쉬이 만나게 되옵겠지요. 만사만행을 다 주께 맡기시고 부디 마음 안정하시며 참다운 신앙의 실생활 하시기만 우러러 부탁할 뿐이외다. 문준 동생에게와 덕순 누이와 병원 형제에게 문안과 소식을 전해 주시오며, 의원이 동생은 무슨 직업을 가졌으며, 동인이도 공장에 잘 다니는지, 동인 모(母)는 아프다더니 편지 없는 것 보니 아직 안 나았는지요? 박신출 형님 이하 다 문안하여 주시옵소서.

그전에 동인이에게 보낸 편지들 종종 보아 가족이 위안 받으시기 바랍니다. 끝으로 빌기는, 백세하령(오래 삶)하시길 앙측불이(우러러 축원함)하옵고 불비상서(不備上書)하옵니다.

1943년 6월 8일

경성구금소로 이감된 지 3개월이 지나자 당국은 손 목사를 청주구금소로 보냈다. 이는 석방하지 않겠다는 조치였고, 종신형의 시작이었다. 구금소는 기결감보다는 비교적 감옥 안의 자유가 허용되었다.

그런데 독방이라는 게 흠이었다. 혼자 지내니 전도할 대상이 없었던 것이다. 게다가 신문, 잡지나 서적도 읽을 수 없었다. 손 목사는 혼자서 절제된 기도 생활을 계속하며 모든 성경을 암송할 정도로 매일매일 성경을 거듭 읽었다.

어느 날 오후에 집에서 온 편지 한 통이 간수로부터 전해졌다. 큰아들 동인의 편지였다.

저희 형제자매들은 모두 건강하게 잘 있습니다. 이곳 부산에서의 생활은 광주에서보다 훨씬 나아졌으니 아버님은 염려 놓으십시오. 저는 지금 주기철 목사님 셋째 아드님인 주영해 군과 함께 박신출 집사님이 하시는 통 공장에 다니고 있고, 아우 동신이는 백일상점이라는 곳에 가서 심부름꾼으로 일하고 있습니다.

손 목사는 더 이상 편지를 읽지 못하고 눈물을 떨어뜨렸다. 학교 다닐 나이에 학업을 중단하고 먹고살기 위해 취직을 해 일하고 있는 두 아들을 생각하니 가슴이 아팠다. 이제 겨우 장남 동인이는 19세, 차남 동신이는 14세가 아니던가.

'하나님! 이 고난을 당신의 뜻이 있어 저와 제 가족에게 거듭 내리시는 벌로 받겠나이다. 저의 죄가 그토록 크다면 모두 용서

하여 주옵소서.'

욥이 겪어야 했던 고난에 비하면 아무것도 아니었지만 손 목사는 거듭되는 고난과 역경을 견뎌야 했다. 새삼스럽게 장남의 나이가 19세가 되었다는 것이 마음에 걸렸다. 일제의 강제 징병을 피할 수 없을 터였다.

군대에 끌려가면 신사참배를 반대할 수 없을 것이다. 반대했다가는 구타와 온갖 기합을 견디다 못해 병원 신세를 지거나 아니면 육군 형무소에 보내지고 말 것이다. 그것이 안타까웠다. 큰아들 동인이든, 작은아들 동신이든 그 아들들의 신앙심은 아버지 못지않았다. 아직은 어리지만 그들 또한 죽음으로라도 신앙을 지키려는 신념을 갖고 있었다. 아버지 손 목사는 그걸 잘 알고 있었다. 그러나 옥 안에 갇혀 있으니 이렇게 저렇게 하라 할 수도 없는 처지였다.

큰아들과 작은아들이 생계를 위해 학교를 쉬고 취직을 했다니, 안타까움에 옥중 편지로 우선 위로했다.

하나님의 큰 은혜에 감사드리며 박 집사님도 안녕하시다니 더욱 기쁘다. 네 일행의 동무들까지, 네가 옮기게 된 것, 이 또한 하나님의 뜻으로 알고 범사에 감사한다. 그러나 학교에 못 가고 공장에 들어가 돈을 번다는 것이 좋기도 하고 고마운 말이나 너의 연령을 생각하면 돈보다도 공부할 시기임을 잊어서는 안 된다.

돈은 다음에도 벌 수 있으나 공부할 때를 놓쳐 나이를 먹은 후에는 공부하기 어렵다. 만사가 때를 놓치면 못쓰는 법이니라. 그러나 이왕 늦었으니 내년을 기약하고 그 기간에 일하고 남은 틈에도 부지런히 공부하며 신앙의 위대한 인격 생활에 힘써라.

고향 농사는 삼촌에게 맡겼는지 알려다오. 백 장로님께 그리고 다른 분들께도 안부 전해다오. 네 어머님에게는 자주 위안을 해드려라. 아버지는 항상 몸 성히 관의 애호를 받으니 걱정 마라. 너의 간절한 기도의 응답인 것을 믿고 감사한다.

부디 몸 조심하고 영육의 건전을 빌면서 그만 그친다.

그러나 동인이와 동신이의 취직 생활도 얼마 가지 못했다. 제2차 세계대전이 막바지에 이르기 시작했던 것이다. 일제는 학생은 학도병으로, 일반 청년은 강제징집으로, 장년들은 노무자로, 젊은 여성은 위안부로 닥치는 대로 끌어가기 시작했다.

마침 큰아들 동인에게도 신체검사 통지서가 나왔다. 군대 갈 나이가 되었다는 것이다. 신검 결과는 갑종(甲種) 합격이었다. 그 소식을 듣자 할아버지 손 장로는 사흘 동안 금식하며 하나님께 기도하자고 했다. 기도해서 하나님 말씀대로 따르자는 것이었다. 이윽고 할아버지와 어머니 그리고 동인이, 동신이 네 사람이 금식 기도에 들어갔다. 모두 뼈와 가죽만 남을 만큼 마르게 되었다.

"형, 이제 어떡할 거야?"

아우 동신이 근심에 차서 물었다. 어머니는 슬픈 얼굴을 보이지 않으려고 고개를 숙이고 있었다. 동인은 무겁게 천천히 입을 열었다.

"할아버지 그리고 어머니, 실은 신검 받기 전부터 결심했어요. 일본군에 끌려가서 총알받이는 될 수 없다구요. 신사참배는 물론 모든 걸 다 강요할 텐데 그걸 어떻게 견디겠습니까? 금식기도에 응답하셨습니다. 소나기는 피하라고 하나님께서 말씀하셨습니다. 일제는 최후 발악을 하는 것 같아요. 패망이 멀지 않았다는 증거지요."

"그래, 잘 생각했다. 피하자."

손 장로가 승낙했다.

"저 혼자 피하면 남은 가족들이 괴롭힘을 당할 것 같아요."

"그럼 어떡하면 좋겠니?"

동인은 어른 같은 생각을 하고 있었다. 이미 마음속에 계획을 세워 놓은 것 같았다.

"가족이 흩어져 살아야 무사할 것 같아요. 그러자면 어머니께선 막내를 데리고 기장에 있는 장 부자 댁에 당분간 숨어 사시는 게 좋겠고, 동신이는 하동 옥종면 북방리 은신처로 보내면 어떨까 합니다."

아우 동신이를 보낸다는 하동 은신처는 애양원 성도들이 유리걸식하며 모여 살고 있던 오두막을 말함이었다. 그 오두막은 애양원 기도처로 삼기 위해 교회에서 지어 준 집이었다. 손양원 목사가 잡혀 가고 난 다음 애양원은 일본인들이 접수하고 일본인 원

장 안도가 부하 직원까지 데리고 들어와 병원과 교회를 차지해
버렸다.

애양원을 차지한 일본인들은 다 나은 환자들인데도 교회를 빌
미로 주변에서 떠나지 않고 애양원에 부담을 주며 살고 있다며 핍
박했다. 더구나 안도 원장은 모든 신도는 의무적으로 신사참배와
가미다나에 절을 하고 나야만 예배를 드릴 수 있게 강요했다.

그러자 신도들은 손 목사가 다시 돌아올 때까지 애양원을 떠나
공동생활을 하기로 했다. 그래서 그들은 하동군 옥종면 북방리에
있던 오두막으로 가서 움막을 치고 걸인 생활을 시작했다. 자기들
끼리 예배도 드리고, 여러 마을을 돌아다니며 전도도 하고, 끼니
도 얻어 오고 곡식도 얻어 왔다.

그도 저도 못해 사회로부터 냉대를 받고 전국을 유리 걸식하며
목숨을 부지한 천형의 환자들을 노래한 천형의 시인 한하운은 자
신들의 신세를 이렇게 노래했다.

가도가도 붉은 황톳길
숨 막히는 더위뿐이더라

낯선 친구 만나면
우리들 문둥이끼리 반갑다

천안 삼거리를 지나도

수세미 같은 해는 서산에 남는데

가도가도 붉은 황톳길
숨 막히는 더위 속으로 쩔름거리며
가는 길

신을 벗으면
버드나무 밑에서 '지까다비'를 벗으면
발가락이 또 하나 없어졌다

앞으로 남은 두 개의 발가락이 잘릴 때까지
가도가도 천리 먼 전라도 길

-한하운, 〈전라도 길〉

　애양원을 떠난 식구들이 모여 산 곳은 그곳뿐이 아니었다. 진주 남강 다리 밑에서도 공동생활을 하고 있었다. 거지들은 원래 다리 밑에 모여 살지만 애양원 식구들인 황덕순 고모와 일곱 명의 신자들은 신앙을 지키려고 그곳까지 숨어들었다. 그곳에는 이미 100여 명의 나환자들이 모여 살고 있었다.

　손 목사 가족을 생각하는 그들의 헌신은 눈물겨웠다. 걸식하며 얻어 온 곡식들을 모아서 부산 집으로 가져다주곤 했다. 동신이를 바로 그곳 중 한 곳인 하동 옥종에 가 있게 하자는 것이었다.

"우린 어머니 따라가면 되지?"

어머니와 오빠들의 얼굴을 빤히 바라보고 있던 어린 동희가 물었다.

"지금부터 오빠가 하는 말 잘 들어야 한다. 동희는 똑똑하고 씩씩해서 오빠가 하는 말 잘 알아들을 거야. 아버지 감옥에 계신 거 알지? 아버지 돌아오실 때까지만 우리 식구들이 헤어져 있어야 하는 거야. 어머니하구 난 아주 깊은 산중에 있는 기도원으로 가니까 따라오면 안 돼. 어머니하구 내가 데리러 올 동안 넌 동장이 동생하구 구포에 있는 고아원에 가 있어야 해?"

고아원이란 말에 동희는 울음을 터뜨렸지만 나중에는 그곳에 왜 가 있어야 하는지를 나름대로 깨달았는지 고개를 끄덕였다. 그리되어 식구들은 뿔뿔이 흩어지게 되었다. 할아버지 손 장로는 만주 작은아들 집으로 떠나기로 했다.

"다시 만날 수 있을지 모르겠지만 일본이 망하고 손 목사 나올 때까지 모두 건강하게 살아 있어야 한다. 그날이 오기 전에는 나도 눈을 감지 않으련다. 하나님의 가호를 빈다."

눈물의 이별이었다. 헤어지기 전 마지막 가정예배를 드렸다. 동인의 기도가 끝나고 찬송을 부를 때는 눈물바다가 되었다.

우리 다시 만날 때까지 하나님이 함께 계셔

간 데마다 보호하며 양식 주시기를 바라네

다시 만날 때 다시 만날 때 예수 앞에 만날 때
다시 만날 때 다시 만날 때 그때까지 계심 바라네

칠순이 넘은 손 장로는 마지막 가는 길이라는 걸 느끼고 처연했지만 눈물을 참고 담담한 표정으로 며느리, 손자들과 헤어졌다. 할아버지 손 장로 다음으로 동신이가 하동으로 떠났다.

"어머니도 빨리 떠나세요."

"너희들 가는 걸 보고 가야지."

"아닙니다. 제가 알아서 다 처리하고 갈 테니까 어서 가세요."

이윽고 어머니가 막내를 데리고 기장으로 떠났다. 이제 남은 건 동인이와 열두 살짜리 여동생 동희와 아홉 살짜리 남동생 동장이었다. 다 떠난 집에서 밤을 새운 동인은 새벽이 되자 자전거를 꺼내 앞에는 동장이를, 뒤에는 동희를 태운 채 가파른 범냇골 골목길을 달려 내려갔다.

자전거를 세운 곳은 구포 애린원이란 고아원이었다. 동인은 어린 두 동생을 내려놓았다. 그리고 그들의 손을 꼭 쥐어 주며 소곤거렸다.

"여긴 고아원이야. 하지만 너흰 부모가 안 계셔서 이런 곳에 온 게 아니란 거 알지?"

"오빠, 무서워."

"아버지 나오실 때까지만 여기 있는 거야. 오빠가 자주 찾아올게. 그리고 영해 오빠 알지?"

“응.”

“영해 오빠가 너희들하고 함께 있으니까 나하고 함께 있는 것처럼 생각해. 알았지? 자, 그럼 안으로 들어가.”

동인이 두 동생의 등을 밀었다.

“싫어. 오빠, 오빠! 가지 마.”

동인은 돌아섰다. 흐느껴 우는 동생들의 울음을 차마 듣지 않으려고 재빨리 그 자리를 떠났다. 그렇게 두 어린 남매는 해방될 때까지 만 1년 동안 고아원 생활을 했다.

애린원은 1938년 5월 한정교 목사가 사랑과 봉사로 고아들을 돌보기 위해 세운 곳이었다. 이 고아원은 일경에 쫓기거나 수배된 믿음의 식구들이 숨어 사는 은신처 구실도 했다.

한편 평양 산정현교회 주기철 목사는 신사참배 거부운동을 벌이다가 체포되어 투옥당했다. 그리고 1944년 4월 21일 옥중에서 순교했다.

주 목사 댁도 풍비박산되어 아들들이 가 있을 곳이 없었다. 애린원 원장 한 목사가 큰아들 영진을 불러 고아원에 일자리를 주었고, 박 집사는 셋째인 영해에게 통 공장 일자리를 주어 손양원 목사 아들들과 함께 지내게 해주었다. 그러나 동인 가족이 흩어져 살기로 했다는 말을 듣고 영해도 애린원에 가 있었다.

동인은 경상남도 남해의 내산이란 곳으로 피신했다. 징집영장이 나왔을 때는 이미 당사자인 동인을 비롯하여 모든 식구들이 자취를 감춘 뒤였다. 큰아들 동인의 판단은 정확했다. 가족이 흩어지고 난 뒤 1년 만에 그토록 꿈에 그리던 조국이 일제로부터 해방된 것이다. 그 감격을 어찌 잊으랴.

1945년 8월 15일 정오.

일왕 히로히토는 드디어 연합국에 무조건 항복한다는 라디오 방송을 했다. 사람들은 일본이 항복했다는 사실을 당장 믿을 수 없어 하다가 거리로 쏟아져 나오며 만세를 부르는 시민들을 보며 그제야 해방을 실감하게 되었다. 그러나 일본이 망했고 무조건 항복했다는 사실을, 여기저기 뿔뿔이 흩어져 숨어 살고 있던 손 목사 가족들만은 모르고 있었다.

8월 17일 밤 11시.

해방이 되어 형무소 문이 열리는 날이었다. 청주구금소 문도 열리는 날이었다. 죄수들의 가족들은 8월 15일 오후부터 형무소 문 앞에 와 낮과 밤을 지새우며 죄수들이 자유의 몸이 되어 나오기만을 기다리고 있었다.

드디어 옥문이 열리고 조선 해방 만세를 부르며 재소자들이 뛰어나왔다. 수백 명 수인들이 가족들의 품에 안겼다. 그 가운데 유독 피골이 상접한 단 한 사람만 가족을 찾지 못해 두리번거리고 있었다. 손양원 목사였다.

출옥한 손양원 목사를 식구 중에서 처음 만난 사람은 동신이었다. 동신은 하동군 오두막 기도처에서 숨어 지냈었다. 그런데 어느 날 그곳에 와 있던 박 장로가 편지 한 통을 써주며 부산 통·공장 박신출 집사에게 전해 달라고 부탁했다.

동신은 아직 어려서 어디든 다녀도 검문을 당하지 않았다. 동신은 부산 통 공장에 도착해서야 해방 소식을 알게 되었다. 그것도 엊그제가 아니라 10여 일 전 해방되었는데도 모르고 있었던 것이다.

이튿날 아침 동신은 거지도 아니고 산신령도 아닌 괴상한 사람 하나가 통 공장에 들어오는 것을 보았다.

"너, 동신이 아니냐?"

"아니, 아버지!"

동신은 놀라서 달려가 품에 안겼다. 분명 아버지였으나 모습이 아주 낯설었다. 원래도 몸이 가냘펐지만 마른 장작처럼 뼈만 남아 있었다. 머리는 박박 깎은 채 반백의 수염은 가슴까지 내려오도록 길었고, 그때까지도 갈아입을 옷이 없어 284라는 번호가 붙은 푸른 수의를 입고 있었고, 다 해진 슬리퍼를 신고 있었다.

손 목사는 동신에게서 가족들이 여기저기 흩어져 숨어 살고 있다는 걸 전해 들었다.

"그렇다면 우선 동희와 동장이가 있다는 애린원에 가보자."

손 목사가 동신이를 앞세웠다. 애린원에 도착한 손 목사는 어린 남매를 그곳에서 찾고 원장인 한정교 목사에게 감사를 표했다.

"얼마나 고생하셨소? 안 되겠소. 내가 갈아입을 옷을 찾아볼 테니 잠깐 기다리시오."

한 목사는 수의를 벗기고 자기 헌 양복을 꺼내다 입혔다. 그때 주기철 목사의 아들 둘이 달려와 아버지를 만난 듯 손을 잡고 울었다.

"몇 달만 있었으면 조국이 해방되는 걸 보셨을 텐데 정말 아깝구나. 그분이야말로 청사에 길이 남을 애국자이고 참신앙인의 푯대이신 순교자시다. 자랑스럽게 생각해라. 생전에 형님으로 모셨으니 너희들은 내 아들이다. 어려움이 있으면 언제든 찾아오렴."

"예."

손 목사는 동희와 동장에게 다시 올 테니 애린원에 남아 있으라 하고 동신이를 앞세우고 다른 가족을 찾기 위해 진주로 향했다. 여동생이나 다름없는 황덕순이 진주 남강 다리 밑에 살고 있다는 사실을 동신에게서 듣고는 사모인 정양순이 거기 함께 있을 것으로 짐작했던 것이다.

그러나 진주 남강 다리 밑에서 손 목사를 기다리던 사람들 중에 부인 정양순과 황덕순 고모는 없었다. 그 대신 수십 명의 애양원 가족들이 다리 밑에서 몰려나와 손 목사를 에워싸고 기쁨의 눈물을 흘렸다. 손 목사는 그날 밤 다리 밑 공터에서 감사예배를 올렸다. 환난과 핍박 속에서도 애양원 성도들이 모래알처럼 흩어지지 않고 하나로 뭉쳐 오늘을 위해 견디게 해주신 주님께 그리고 성도들에게 감사하는 예배였다.

그곳에서 황덕순 고모가 옥종면 북방리 움막에 다른 성도들과 함께 있다는 말을 듣고 손 목사는 동신이를 데리고 그곳으로 갔다. 거기서 황 고모를 만났으나 정양순 사모와 큰아들 동인이는 만나지 못했다.

"사모님은 막내를 안고 기장 최 부자 집으로 피신했고 동인이는 남해 어딘가로 피신했었는데, 어느 날 밤 사모님이 위험하다며 동인이 와서 어머니를 모시고 잠적했답니다. 아직 소식 없는 걸 보면 남해 깊은 산중에 숨어 있어 해방된지 몰라서 돌아오지 않는 걸로 봐야지요. 일단 애양원으로 돌아가 계시면 모든 식구들이 다 돌아오지 않을까요."

황덕순의 말을 들은 손 목사는 그렇게 하자며 동신이 그리고 황덕순과 함께 여수 애양원으로 향했다. 손 목사가 돌아오는 것을 어떻게 알았는지 수많은 성도들이 애양원으로 가는 긴 둑길로 하얗게 몰려나와 목사님 만세를 부르고 함성을 지르며 환영했다. 감격한 손 목사는 강대상을 비운 지 5년여 만에 다시 강단에 올라 첫 예배를 드렸다. 예배당은 울음 바다가 되었다.

성도 중 누군가가 남해 섬 어딘가에 숨어 살고 있다는 정양순 사모와 동인이 소식을 알려 주어 당장 사람을 보내 돌아오게 했다. 그리고 동신이를 부산 애린원에 보내 그곳 고아원에 있던 동희와 동장이 남매를 데려오게 했다.

그로써 뿔뿔이 헤어졌던 모든 식구들이 애양원 옛집에 모이게 되었다. 다만 한 사람, 집안의 어른인 손종일 장로만 모습을 볼 수 없었다. 해방을 보지 못하고 4개월 전 만주에서 타계했던 것이다.

드디어 애양원은 화창한 봄으로 바뀌었다. 미국으로 쫓겨 갔던 월슨 박사와 윈가리 목사도 돌아왔고, 일제의 강압과 압박을 피해서 참신앙을 굳건히 지키려고 애양원을 떠났던 신도들도 하나둘 모여들기 시작했다.

손양원 목사는 해방을 얼마 안 남기고 조국 광복을 보지 못한 채 만리타향 만주 하얼빈에 있던 아들 집에서 소천한 아버지 손종일 장로의 추모예배를 가족과 친지들이 모인 가운데 묘소 앞에서 드리며 고인의 신앙을 기렸다. 추모사는 손 목사의 가족처럼 살아온 황 고모가 맡아 읽어 나갔다.

"고인은 하나님을 믿고 예수님을 영접하기 위해 신체발부는 수지부모라 하여 부모님이 물려주신 신체는 몸에 난 터럭 하나도 손상시켜서는 안 된다는 봉건시대에 과감하게 상투를 자르고 예배당에 나가셨던 분이며, 그뿐만 아니라 일제에 나라를 빼앗기자 봇물처럼 터져 나온 독립만세 시위운동에 앞장섰다가 감옥살이까지 하신 애국지사셨습니다.

목사님께서 여수경찰서에 연행되어 가실 때 아드님께 주신 단 두 마디는 목사님이 그렇게 악형과 탄압을 받으면서도 신앙을 지킬 수 있는 옥중의 힘이 되어 주셨습니다. 그 두 마디는 누가복음 9장 62절의 '예수께서 이르시되 손에 쟁기를 잡고 뒤를 돌아보는 자는 하나님의 나라에 합당하지 아니하니라 하시니라'라는 말씀과 마태복음 10장 37-39절의 '아버지나 어머니를 나보다 더 사랑하는 자는 내게 합당하지 아니하고 아들이나 딸을 나보다 더 사랑하는 자도 내게 합당하지 아니하며 또 자기 십자가를 지고 나를 따르지 않는 자도 내게 합당하지 아니하니라. 자기 목숨을 얻는 자는 잃을 것이요 나를 위하여 자기 목숨을 잃는 자는 얻으리라'는 말씀이었습니다.

이 노순교자(老殉敎者)께서는 아드님이 감옥에 가신 후 일제의 핍박으로 가족까지 풍비박산되는 비운을 겪어 계실 곳이 없어 만리타국 만주 벌판 아드님 집으로 가지 않으면 안 되셨습니다. 그곳에서 병이 깊어 신음하시면서도 옥중의 아들이 걱정할까 봐 내색도 하지 않으며 기도 생활 하시다가 75세의 연세로 1945년 4월 13일 하나님 곁으로 가셨습니다."

가족 친지의 오열 속에서 추모사는 계속되었다.

"봄볕이 좋아 일광을 쪼이던 손 장로님은 방 안으로 들어가시면서 '내가 기도하고 싶으니 방에 불 좀 뜨끈하게 넣어라' 하고 부탁하신 후 들어가셔서 천정에 매단 줄을 잡고 기도하시다가 기도하는 자세로 돌아가셨다 합니다.

장로님은 죽어서도 고향 땅에 묻히고 싶다는 것이 소원이었습니다. 돌아가셨을 때 동인 군이 하얼빈까지 가서 조부님의 유골을 수습하여 이불짐 속에 감추고 감춰 가지고 와서 고향 땅에 모시게 되었습니다."

그로써 부친 손종일 장로의 묘소 앞에서 거행된 검소한 가족 추모예배를 마치게 되었다.

손 목사는 애양원교회 담임목사로 다시 부임했고, 애양원 병원 임시원장도 겸했다. 그뿐만 아니라 손 목사는 일제 당국과 친일파들의 훼방과 반대로 목사 안수를 받지 못했지만 해방 이후 1946년 3월, 경남노회에서 정식으로 목사 안수를 받게 되었다.

그리고 이듬해 큰아들 동인은 순천사범학교 4학년에 편입했고 작은아들 동신은 순천중학교 2학년에 편입하여 공부하게 되었다. 당시 학제(學制)는 초등학교 6년, 중학교 5년제였다.

가난한 집안 사정 때문에 학교를 쉬고 취업했기 때문에 다른 학생들보다 나이가 많은 편이었다. 사범학교 4학년이지만 동인은 23세였고 중학생인 아우 동신은 18세였다. 여수가 아니고 순천에 나가 학교에 다니게 된 것은 승주교회 나덕환 목사 때문이었다.

그는 손 목사와 아주 가까운 사이였는데, 자기가 보호자 노릇을 할 테니 아이들을 순천으로 내보내라 한 것이다. 그래서 동생들까지 5남매가 승주교회 근처에 방을 얻어 자취 생활을 하며 학교에 다니게 되었다.

장남 동인은 음악을 좋아하여 성악가가 되고 싶어 했다. 그는 노래를 잘했다. 타고난 미성에다가 체격이나 용모가 준수한 미남이어서 여학생들의 선망의 대상이었다. 졸업하면 미국 유학을 가기 위해 준비 중이었다. 미국 감리교 출신 선교사가 유학을 알선해 주기로 약속했던 것이다. 아우 동신은 신학을 전공하여 아버지 같은 목회자로 사는 것이 꿈이었다.

12. 주여! 내 영혼을 받아 주시옵소서

해방 정국은 어수선하고 혼란스럽기 그지없었다. 소련군이 진
주한 북한 지역과 미군이 진주한 남한 지역은 점령군의 정치적 이
해와 국내외 좌우 세력들의 각축으로 급기야 삼십팔도선을 경계
로 남북이 갈라지게 되었다.

삼팔선이 생기고 먼저 북한이 1948년에 공산 세력을 규합하여
조선민주주의 인민공화국을 건국하고 인민군을 창설했다. 이에
남측의 민족주의 진영에서도 남한 지역 단독정부 수립안을 내세
운 이승만 박사의 건국안을 받아들여 남한만의 총선거를 치러 대
한민국 정부를 수립하였다.

이렇게 되자 좌익과 우익의 싸움은 각종 폭동과 테러로 비화되
었고, 삼팔선 주변은 총성이 그칠 날이 없었다. 북한 지도부는 신
생 대한민국을 폭동과 반란으로 전복하라는 지령을 남로당에 내

리고 실행을 다그쳤다. 이른바 1948년 4월에 일어난 제주 4·3사건도 그런 선상에서 일어난 반란이었다. 그 반란 사건은 수천 명의 양민 희생자를 내고 진압되었다. 그러나 불씨가 완전히 꺼진 건 아니었다. 제주도는 육지에서 떨어진 섬이라는 특별한 입지 조건 때문에 반란 거사가 용이했다.

10월이 되자 숨어 있던 반군 지도부는 러시아 10월혁명 기념일에 맞춰 다시 한 번 2차 봉기를 꾀했다. 그렇게 되자 국방경비대(국군) 사령부에서는 여수 주둔 14연대에 1개 대대를 파견하여 제주 폭동을 진압하라는 긴급 명령을 내렸다.

연대장은 제1대대 대전차포 대대장 김지회 중위에게 대대를 인솔하란 명을 내렸다. 그러나 1948년 10월 19일 김지회는 거꾸로 반란을 일으켰다.

김지회는 자신의 동지들 앞에서 이렇게 연설했다.

"정부 수립과 함께 창설된 군 안에는 우리 남로당 동지들이 수없이 많고 각지에 분산 주둔한 연대 안에 깊이 뿌리를 내려왔습니다. 우리가 일어나면 그들은 모두 함께 거사할 것입니다. 우리는 광주를 점령하고 여세를 몰아 서울로 진격합니다. 그에 맞춰 북조선 인민 군대는 삼팔선을 무너뜨리고 남쪽으로 밀고 내려와 남조선을 접수하는 것입니다."

반란군은 곧 행동을 개시하여 무기고를 털고 여수경찰서를 습격하여 점령했다. 수백 명의 경찰이 사살되고 시민들도 합쳐 3천여 명이 죽임을 당했다. 그러고는 단 하루 만인 20일에 여수시를 완전히 점령했다.

여수 시민들은 이들이 반란을 일으키고 경찰과 교전을 벌이는 현장을 보면서도 반란을 믿지 않았다. 그들은 군인이었고 바로 국군이었던 것이다. 그들이 무차별 사격을 가하여 무고한 시민들까지 죽이는 현장을 목격하고 나서야 시민들은 그들의 정체를 알기 시작했다.

반란군은 곧 순천 진격을 서둘렀다. 여수 시내에서 일어난 그 같은 살육전이 애양원에 전해진 것은 점심때가 지나서였다. 달걀을 팔려고 여수에 다녀온 확실이네 아버지가 전해 준 것이었다.

"피난 갑시다요."

아직도 놀란 가슴을 진정하지 못하며 교회 안으로 들어온 확실이 아버지가 소리쳤다. 성전 바닥을 청소하고 있던 전도사와 젊은 집사가 무슨 일이냐고 되물었다.

"전쟁 났습니다. 전쟁요."

"밑도 끝도 없이 무슨 말씀입니까? 전쟁이라니. 다 끝난 대동아 전쟁이 또 났다고요?"

"여수 시내는 들어갈 수가 없어요. 콩 튀듯이 총소리가 천지 사방에서 들려오고 길거리에는 시체가 뒹굴고 있어요."

"어디와 어디가 붙어 전쟁을 한단 말이오?"

"국군하구 경찰이 붙어 싸우고 있어요."

"에이, 말 같은 소릴 하시오."

누구도 믿지 않으려 했다. 그때 기도실에 있던 손 목사가 기도를 마치고 나오다가 그 소리를 들었다.

"국군하구 경찰이 싸운다고요?"

"시내 담벼락에 숨어서 총질하는 국군만 보았는데 사람들이 그러더라고요."

그러자 다가온 이인재 전도사가 끼어들었다.

"여수에서 좌익들이 폭동을 일으킨 게 아닐까요? 그게 아니면 교전할 리가 없을 것 같은데요."

이 전도사는 10월 12일부터 이곳 애양원교회에서 부흥회를 인도하고 있는 초빙강사였다. 부산 고려신학교 출신인 그 역시 신사참배를 거부하다 옥살이를 하고 나왔다.

"좀더 자세한 걸 알아봐야겠군."

불안한 얼굴로 손 목사는 혼잣말을 하며 제발 순천 쪽은 조용하기를 바랐다. 자식들 5남매가 순천에 나가 살고 있었던 것이다. 이윽고 해가 뉘엿뉘엿 지려 하는 황혼녘에 딸 동희가 애양원으로 돌아왔다.

"아버지!"

"동희 왔구나? 오늘 가을 소풍날 아니냐?"

"끝나서 지금 오는 길이에요."

"순천으로 안 가구 왜?"

"신성포로 단풍 구경하러 왔었거든요."

"오빠들은?"

"잘 있어요."

"순천 시내는 조용하든? 총소리 같은 건 안 들려?"

"평상시하고 같았어요."

"뭐 이상한 건 없고?"

"네. 내일은 쉬는 날이고 모레 가야 해요."

동희가 소풍 갔다가 애양원에 온 것은 19일이고, 그날은 여수에서 김지회의 14연대 1대대가 반란을 일으켜 여수 시내를 살육의 지옥으로 만든 날이었다. 반란군은 여수를 점령한 이튿날인 20일, 순천을 점령하기 위해 진격을 개시했다. 순천은 불과 200명도 안 되는 경찰들이 지키고 있었다.

"우선 경찰서를 접수하고 읍사무소와 군청을 빼앗도록 하라!"

반란군 장교 김지회의 명령이었다. 200여 명의 경찰관들이 끝까지 맞서 싸웠지만 중과부적으로 전원 전사했다. 경찰서가 반군에게 넘어갔다. 이어서 읍사무소와 군청이 점령당했다. 군수를 비롯하여 경찰서장, 읍장 등은 도망쳤다.

그러나 대다수의 시민들은 자세한 사실을 모르고 있었다. 사람들이 뛰어다니고 총소리가 콩 볶듯 하니 전쟁이 났다며 숨을 곳을 찾고 있었다. 동인은 학교에 갔다가 담임선생에게 급한 집안일 때문에 순천역에 가봐야 한다며 조퇴를 허락받았다. 순천 승주교회에 여수에서 오는 손님 한 분을 모시고 가야 했기 때문이었다.

나 목사는 승주교회를 담임하고 있었는데, 손 목사의 자녀들을 돌보아 주고 있었다. 승주교회 부흥회를 앞두고 강사 목사가 오는 날이어서 동인이 마중을 나간 것이다. 여수에서 오는 기차를 기다리던 동인은 이상한 생각이 들었다.

열차가 들어오기는 하는데 일반 손님은 나오지 않고 총을 든 군인들만 쏟아져 나오는 것이었다. 끝내 강사 목사는 오지 않았다. 그보다 어서 그 자리를 피해야 했다. 길거리에서 군인들과 경찰들이 교전하는 바람에 총탄이 오고 갔다.

동인은 긴장한 채 허리를 구부리고 좁은 골목을 이리저리 돌아서 겨우 집으로 돌아왔다. 대문을 두드리자 건넌방에 살던 양 집사 부인이 나와 문을 열어 주었다.

"일찍 오네? 동인 학생! 밖에 무슨 일이 일어났어?"

"예, 길거리에서 전쟁이 벌어졌습니다. 밖에 나가지 마세요. 총탄이 날아다녀요."

"도대체 웬 난리래?"

"제 동생 학교에서 안 왔나요?"

"아직."

동인은 초조한 빛이 되었다. 3학년에 다니는 동신이가 안 돌아오고 있었던 것이다.

"너무 걱정 말아. 아무 일 없겠지."

20일. 반란군은 시내를 지키고 저항하던 경찰군을 모두 사살하고 순천 시내를 점령했다.

"점심 못 먹었지? 건너와. 내가 차려 줄게."

"아니에요. 동신이 오면 함께 먹을게요."

같이 살고 있던 누이동생 동희는 소풍을 갔다가 학교가 하루 쉬므로 애양원에 가고 없었다. 그래서 동인은 다른 동생들과 식사를 해결하고 있었다. 가깝게 들리던 총성이 차츰 들리지 않았다. 한참 걱정하고 있는데 아우 동신이 학교에서 돌아왔다.

"왜 이제 오니? 얼마나 걱정했는데?"

"군인들이 학교를 포위하고 안 풀어 주잖아? 이제야 풀어 줘서 다들 집에 간 거야."

"말없이 포위만 해?"

"내일 사령부 명령이 내려질 테니까 한 사람도 빠지지 말고 학교에 나오래. 무서워서 혼났어. 교실에 있는데 총소리는 콩 튀듯이 들려오지, 시가전을 하고 있다는데 뭐가 어떻게 돼가고 있는지 알 수가 있어야지. 형!"

"왜?"

"국방군하구 순경들하구 왜 싸우는 거지?"

"제주도에서처럼 반란이 일어난 것 같다. 반란은 좌익에서 일으키잖아?"

"무서워. 형! 옆집에는 지하실이 있으니까 오늘 밤은 그 지하실에 가서 숨어 있자. 어떤 일이 벌어질지 모르니까."

"알았다. 그렇게 하자."

한나절도 안 되어 순천 시내는 반군의 손아귀에 들어갔다. 숨어 있던 남로당의 협조자들과 공산주의자들이 합세하여 순천은 여수에 이어 인공기가 휘날리게 되었다. 경찰서 안에 내무서를 설치하고 적색 청년들이 치안대를 조직했다.

그리고 인민위원회와 농민위원회를 설치하고 치안대를 동원하여 고관을 지낸 자 그리고 부자, 지주 등 부르주아 계층에 속한 인사들을 잡아들이기 시작했다. 그들의 재산을 몰수하고 인민재판을 하기 위해서였다.

이튿날 평일과 다름없이 학생들이 등교했다. 그런데 일부 반란군 병사들이 교문과 학교 주변을 지키고 있었다.

"학교는 우리 인민군 경비대에 접수되었다. 전교생은 운동장에 집합하라. 학교 밖으로 나가는 자는 즉각 총살할 것이다. 빨리 집합하라."

거친 목소리가 교무실 확성기를 통하여 울려 퍼졌다. 전교생은 영문도 모르고 운동장으로 나갔다. 본관 건물 현관에서 머리에 두 손을 올려 깍지를 낀 교장선생이 걸어 나오고 그 뒤를 이어 교감 그리고 선생님들이 역시 항복하는 자세로 줄줄이 나왔다. 뒤에는 국군 제복을 입은 장교 하나가 권총을 뽑아 든 채 나왔고 총을 든 군인 세 명이 뒤따랐다. 소위 계급장을 단 장교가 전교생 집합을 확인하더니 교단으로 올라가 연설했다.

"우리는 여수 주둔 국방경비대 십사 연대 군인들이다. 평소 전군은 남북이 적화통일 되어야 가난한 자와 노동자, 농민, 무산자 계급이 잘사는 공산주의 세상이 된다는 확신을 가지고 있었다. 때마침 평양에서는 인민군이 삼팔선을 돌파하여 남쪽으로 밀고 내려와 남조선 전역을 손에 넣게 되었다. 다만 여수, 순천 지역만 거기서 빠져 우리 연대가 들고 일어나 이 지역을 점령한 것이다. 남로당 당원들과 청년 지지자들이 순천 시내의 치안을 담당하고 있다. 각 학교 또한 학생동맹을 결성하여 김일성 원수님께 충성해야 할 것이다. 학생위원회를 만들고 사상 검증을 하고 반세력을 숙청해야 할 것이다.”

반란군은 의심하고 있는 시민들을 자기네 편으로 끌어들이기 위한 거짓말도 서슴지 않았다. 북한 인민군이 남침하여 남쪽을 거의 다 차지했으나 여수, 순천 지역만 남아서 거사를 행했다는 것이다.

무지한 시민들은 그 말을 믿었다. 교문은 반란군 병사들이 지키고 있었고, 운동장 안에서는 좌익 계열 학생들이 한 사람씩 교단으로 올라가 한마디씩 하며 감격에 겨워 김일성 만세를 불렀다. 좌익 학생은 대부분 집안 식구들이 좌익 사건에 연루되어 평소에도 우익에 원한을 가지고 있었다.

“사 학년 안재선입니다. 이런 남조선 해방의 날이 오리라고는 상상도 못 했습니다. 이제 공화국의 새 세상이 되었으니 새 술은 새 통에 담아야 합니다. 우리 학우들 가운데 악질 지주의 자식이거나 악질 관리의 자식들이 있다면 속히 숙청해야 합니다. 그뿐만 아니라 악덕 교장을 필두로 무능한 자본 계급의 선생들도 당장 내쫓아야 합니다.”

“옳소! 와!”

박수 소리가 요란했다. 그때 다른 학생 하나가 또 나갔다.

“나는 사 학년 장한영입니다. 학생 군중대회는 이 정도면 됐다고 봅니다. 이제 학생위원회를 조직하여 속히 실행에 옮길 것을 긴급동의합니다.”

“재청이오!”

여기저기서 소리쳤다.

“좋습니다. 그럼 시간이 없으니 거수로 순천사범 학생동맹 위원장을 뽑기로 하겠습니다. 먼저 전에까지 있었던 학생회 간부들은 어떡해야 할지 정해 주시오. 전 간부들은 모두 배제하는 데 찬성합니까?”

“당연한 거 아냐? 빼야 되고 사상 검증과 자아비판을 받아야 한다.”

“좋습니다. 그건 선출되는 새 집행부에 맡깁시다. 그럼 선출하겠습니다.”

이윽고 위원회 간부들이 일사천리로 선출되었다. 선출이 끝나고 그들이 교무실에서 발대식을 갖는 동안 비로소 학생들은 귀가할 수 있다는 허락을 받았다.

동인은 학교를 빠져나와 자취집으로 돌아왔다.

“일찍 오네?”

양 집사가 맥이 빠져 들어오는 동인을 맞았다.

“제 동생은 아직 안 왔나요?”

“방에 있어.”

동신과 나덕환 목사의 아들이자 동신과 한 반인 제민이가 동인을 기다리고 있었다.

"형, 제민이네는 피난을 가기로 했대. 함께 가자고 왔어."

"피난?"

"느낌이 안 좋으니 피난을 가는 게 좋겠다고 아버님이 그러셨어요. 빨갱이들이 미쳐 날뛰면 어떤 화를 당할지 모른다구요."

"설마 무슨 일 있겠어?"

그러자 양 집사도 아무래도 무서우니 피난을 가는 게 좋겠다고 동인에게 말했다.

"집사님, 우리의 피난처는 주님 품속입니다. 주님만 계시면 됩니다. 피난을 가면 뭐하겠어요?"

동인은 그렇게 말하며 고개를 저었다. 제민이도 더 이상 권하지 못하고 돌아갔다.

이튿날 새벽이 되자 두 형제는 일찍 일어나 우물물을 길어 올려 깨끗하고 정갈하게 목욕을 했다. 보통 때는 없던 일이었다. 목욕을 끝낸 형제는 깨끗한 옷으로 갈아입고 새벽 가정 기도를 올렸다. 아우의 손을 잡은 동인은 간절하게 기도했다.

"하나님 아버지, 이 민족이 얼마나 많은 죄를 지었으면 이 같은 고난을 이 땅에 내리시옵니까? 두렵습니다. 하나님, 이데올로기 때문에 양민들이 죽어 가고 민족의 깨끗한 피가 썩어 가고 광란이 멈추지 않고 있습니다. 기도합니다. 십자가의 능력이 아니면, 보혈의 능력이 아니면 광기를 멈추게 하고 바른 양심을 가질 수 없나이다. 주님, 십자가의 보혈이 심장심장마다 역사하게 하시고 진리로 비진리를 이기게 하시며 양심이 거짓을 이기게 하시고 빛이 어둠을 물리치게 하옵소서. 천천만만의 천사와 십자가 군병으로 들끓어 몰려드는 사탄의 무리들을 물리쳐 주시옵소서. 제 아우 동신이와 저는 예수 그리스도를 위해서라면 바리새인 앞에서 돌로 맞아 죽은 스데반 같은 각오와 결심을 하고 있나이다. 반석 같은 저희 믿음을 지켜 주시옵소서. 그리고 저들을 회개케 하여 주옵소서."

형제는 손을 잡은 뒤 눈물을 흘리며 기도를 끝내고 찬송을 불렀다.

주 예수 이름 소리 높여 찬송드리니

그 거룩하고 크신 영광 널리 퍼지네

나의 영혼 싸울 때 나의 영혼 싸울 때

주 나의 대장 되시사 나를 인도하소서

새벽예배를 끝낸 형제는 비장한 모습이었다.

"그런 일은 없겠지만 만일 좌익 학생들이 우리를 핍박하는 일이 있어도 원망하거나 비난하지 말아라. 하나님의 뜻으로 알고 받아들이자. 오히려 그 핍박을 영광으로 생각하고 주님 앞에 나아가자."

동인이 아우 동신에게 다짐을 주었다.

"알았어요. 그렇게 해요."

이윽고 동인은 아우들을 위해 간단한 아침 식사를 마련했다. 그때까지도 자고 있던 열세 살짜리 아우 동장이를 깨웠다.

"아침 먹자. 동장아, 밥 먹고 나면 곧장 애양원으로 가? 너 여기서 여수 우리 집 찾아갈 수 있지?"

"응. 헌데 왜 나만 가?"

"위험해서 그래. 넌 여기 있으면 안 돼. 집에 가 있어. 알았지? 아버지, 어머니 뵈면 우리도 곧 돌아갈 거라고 말씀드리구. 알았지? 어서 먹자."

아침 식사를 막 하려는데 양 집사 부인이 김치를 들고 왔다.

"김치 좀 들어 봐."

"고맙습니다."

"시내 곳곳이 아주 흉흉해. 벌써 여기저기 시체도 뒹굴고. 피난을 안 가려면 몸이라두 숨겨. 이웃집 지하실에 숨어 있는 게 어때? 세상이 잠잠해질 때까지 말야."

"고맙습니다만 괜찮아요. 별일 있겠어요? 집에만 가만히 앉아 있으면 되겠지요."

양 집사도 더 이상 권하지 못하고 잠시 다녀온다며 밖으로 나갔다.

"자, 동장아. 어서 떠나거라."

형제는 어린 아우를 떠나보냈다. 그리고 한참 후 아침 10시가 조금 넘어서였다. 골목이 소란스러워지더니 20여 명의 학생들이 들이닥쳤다. 대문을 사정없이 두들겼다.

"손동인! 집에 있는 것 알고 왔다. 문 열어!"

형제는 방 안에 있다가 대문 두드리는 소리를 들었다. 동인이 일어서자 동신이 붙잡았다.

"형! 안 돼. 문 열어 주지 마."

"올 게 온 거야. 열어 주자."

"가만두지 않을 거야. 뒷문으로 해서 담 넘어 도망치자구."

"비겁한 꼴 보이지 말자. 이제부터 모든 것은 하나님께 맡기는 거야. 동신아, 성경책을 펼쳐라. 사도행전 칠 장 오십오 절이다. '스데반이 성령충만하여 하늘을 우러러 주목하여 하나님의 영광과 및 예수께서 하나님 우편에 서신 것을 보고 말하되 보라! 하늘이 열리고 인자가 하나님 우편에 서신 것을 보노라 한대……. 그들이 돌로 스데반을 치니 스데반이 부르짖어 이르되……주여 이 죄를 그들에게 돌리지 마옵소서 이 말을 하고 자니라.'"

"문 열지 않으면 부숴 버릴 테다! 손동인!"

대문을 발로 차고 흔들며 소란을 피우고 있었다.

"하나님, 굽어 살피시옵소서."

아우의 손을 잡고 그렇게 간구하며 동인은 일어나 대문 빗장을 열었다. 좌익 학생들이 우르르 몰려들었다. 앞에 선 자들은 장총을 들었고 다른 자들은 몽둥이를 들고 있었다.

"반동이다. 패라!"

누군가 외치자 몽둥이가 날아들었다.

"악! 말로 해라. 왜 때리는 거냐? 이유나 알자."

“정말 네 죄를 몰라서 묻는 거냐? 응? 짜식, 네 죄를 네가 안다고 할 때까지 어디 한번 당해 봐라. 뭐해? 조지라니까.”

몰매가 난무하고 광대뼈가 터져 피가 흘렀다.

“너 목사 아들 맞지?”

“그렇다.”

“그렇다? 넌 순천사범 기독학생회 회장이고 순천 학교를 통틀어 결성된 순천연합 기독학생회 회장인 괴수다. 예수쟁이 대장이다. 그렇지?”

“그렇다.”

“그렇다? 너 미제(美帝) 앞잡이지?”

“내가 왜 미제 앞잡이냐?”

“너, 이 자식. 미국 유학 준비하고 있었잖아?”

“선진국에 유학하는 것이 무슨 죄냐?”

“미국이 선진국이라고? 예수귀신에 빠져서 미국 놈들을 찬양하고 있다니, 이 자식은 사대주의자요 아편이나 다름없는 예수교를 광신하는 광신자다.”

“예수교는 아편이 아니다. 우리 민족과 온 인류를 죄악으로부터 구원하는 이신칭의의 구원 종교다.”

“이 판에도 예수교를 전도하다니 골수분자. 이자의 주둥이에서 그 따위 소리가 나오지 못하도록 쥐어 패라.”

다시 몰매가 쏟아졌다. 마루 구석에서 그걸 바라보는 동신이는 벌벌 떨고 있었다. 그때 외출했던 양 집사가 마당으로 들어오다가

매 맞는 동인을 보고 말리려 들었다.

"왜 이러는 거야? 말로 하지. 이봐. 때리지 말구 말로 하라구."

"아니, 당신은 뭐야?"

거칠게 물었다.

"목수 일 하는 사람일세."

"목수? 이놈들과 어떤 사이요?"

"건넌방에 사는 사람일세."

"그럼 간섭하지 말고 저리 비켜요."

그러더니 다시 구타하기 시작했다.

"우리 형 때리지 말아요. 우리 형!"

보다 못한 동신이가 마루에서 뛰어 내려오며 말렸다.

"요 자식은 뭐야? 저리 안 가? 엥?"

동신이까지 사정없이 갈기는 것이었다. 형제는 곧 피투성이가 되어 마당에 뒹굴었다.

"본부로 끌고 가자."

장총을 든 위원장이 명령했다. 그들은 가지고 온 포승줄로 동인을 묶었다. 일부 학생들은 방문을 열어 제치고 몰려 들어가 미제 반동의 증거를 찾는다며 동인의 책과 소지품을 뒤졌다.

"가자!"

묶인 동인을 앞세운 좌익 학생들은 골목을 나갔다. 동신만이 울며 뒤따르고 있었다. 이들이 본부라고 한 곳은 순천세무서 위에 있는 건물이었다. 그곳에는 순천사범뿐 아니라 다른 학교에서 끌려온 악질 우익 학생으로 낙인찍힌 학생들로 만원이었다.

동인은 같은 반 친구들과 함께 그 무리에 섞였다. 비명이 들려 바라보면 두들겨 맞으며 새로 잡혀 온 학생들이 합류하곤 했다. 한참이 지나 학생동맹 총위원장이 나섰다.

"자! 지금부터 호명하는 자는 앞으로 나온다. 순천농업 사 학년 김인수, 순천사범 오 학년 손동인."

10여 명을 불렀다.

"이자들은 내무서로 연행하라."

경찰서에 내무서를 설치해 놓고 있었다. 그곳으로 끌고 가라는 것이었다. 이곳에 잡혀 온 학생들은 저마다 죄의 경중을 따져 분류되었다. 동인은 포승에 묶인 채 다른 학생들과 경찰서 뒷마당으로 연행되었다.

거기서는 벌써 인민재판이 진행 중이었다. 비명과 살려 달라는 외침 소리가 들려왔다. 한 학생이 몽둥이로 사정없이 구타를 당하고 있었다. 그 학생 주변에는 타원형으로 수백 명의 학생들이 둘러서서 구경을 하고 있었다.

그 학생들 사이사이에 좌익 학생 간부들이 서서 재판이란 걸 진행했다. 죄를 고발하면 그걸 심판하는 것은 군중이었다. 군중이 살리라면 살리고 죽이라면 죽이는 것이었다. 살려 달라고 외치자 매를 멈추게 했다.

"어떠냐? 너는 부자 선주를 애비로 둔 덕에 호의호식하며 잘 살아 왔다. 너의 애비는 불쌍한 어부들을 등쳐서 부자가 되었다. 그게 얼마나 큰 죄악인지 아느냐?"

"압니다."

"너를 용서해 주면 너의 애비가 착취한 재산을 모두 내놓게 하는 데 앞장서겠는가?"

"살려만 준다면 약속하겠습니다."

"좋다. 동무 여러분! 이자가 약속한 말 들었지요? 살려 주고 약속 지키게 할까요? 아니면 믿을 수 없으니 총살해 버릴까요?"

학생위원장이 군중을 둘러보았다.

"살려 주시오."

그 학생의 포승줄을 풀어 주었다. 그러자 그는 군중들 앞에 넙죽 엎드리며 고맙다고 여러 번 절을 했다.

"다음은 손동인! 끌어내라."

피투성이가 된 동인이 끌려 나왔다.

"이자는 예수교 목사의 자식으로 미국 유학을 준비해 온 미제 앞잡이입니다. 일찍이 종교는 아편과 같다고 칼 마르크스는 말한 바 있습니다. 아편에 취하면 이성이 마비되고 중독됩니다. 이자는 예수교란 아편에 마비되어 물불 가리지 않습니다. 얻어 터지고 맞으며 끌려오면서도 계속해서 우리에게 예수를 믿으라고 선동한 지독한 놈입니다. 동무들, 믿기지 않으면 이자의 궤변을 들어 볼까요? 손동인! 변명해 봐라."

그러자 동인은 조금도 두려워하지 않고 부드러운 말로 입을 열었다.

"나의 아버님은 여호와 하나님의 말씀을 대언(代言)하시며 인생의 역경 속에서 헤매는 수많은 영혼을 구해 주시기 위해 양들의 목자 노릇을 하시는 기독교 목사님이십니다. 그리고 나 역시 예수님을 믿는 기독교 신자입니다. 예수님은 백 마리 양 중에서 아흔아홉 마리 양의 구원을 더 소중하게 생각할 수도 있었지만 그분은 잃어버린 한 마리 양을 더 소중하게 아시고 찾아 나서신 분입니다. 길을 잃거나 길을 빗나간 한 마리 양을 더 소중하게 알고 구원하는, 전 인류를 구원하는 그 구원의 종교가 바로 기독교입니다. 아편처럼 사람을 중독시킨다고요? 예수님께 중독되어 보십시오. 좌익도 없고 우익도 없습니다. 부자도 없고 빈자도 없습니다. 착취하는 자도 없고 착취당하는 자도 없습니다. 용서와 사랑이 있기 때문입니다. 사랑합시다. 사랑하면 원수도 없습니다."

동인의 목소리는 점점 더 열정에 차고 성령의 충만함이 어렸다.

"예수라는 아편을 먹으면 저렇게 정신병자가 됩니다. 저런 자들이 계속하여 선동하면 세상은 부패하고 사람들은 정신병자가 되어 안락사하는 겁니다. 안락사가 뭔지 아십니까? 끓는 물에 개구리를 넣으면 고통 속에 당장 죽습니다. 하지만 찬물에 넣고 서서히 열을 가해 물이 끓을 정도로 온도를 올리면 개구리는 고통을 느끼지 못하고 기분 좋게 죽어 가는 겁니다. 동무 여러분! 이자야말로 예수란 아편으로 우리를 안락사시키는 주범이 아니고 무엇입니까? 지금이라도 이자가 뉘우치고 예수를 버리겠다고 약속하고 전향한다면 살려 주고 끝까지 못 하겠다고 버티면 처형하는 게 어떻겠습니까?”

“옳소! 물어보시오.”

위원장이 동인에게 말했다.

“악덕 부자의 아들도 전향을 약속했기에 살아날 수 있었다. 그 동무는 지금 저기 있다. 어떠냐? 예수를 버리고 전향하겠다고 약속하는 게? 한마디만 하면 살려 주라고 군중은 말하고 있다. 어떠냐? 예수를 버리겠다고 지금이라도 약속하겠는가? 말하라!”

“예수님은 철 지난 겨울 외투처럼 그냥 벗어던지거나 버릴 수 있는 분이 아닙니다. 지금도 예수님은 우릴 지켜보고 계십니다. 주님은 원수를 사랑하라 하셨습니다. 그리고 용서하라 하셨습니다. 일곱 번씩 일흔 번 용서하라 하셨습니다. 사랑하고 용서하면 너와 내가 없어집니다. 동족끼리 같은 형제끼리 왜 싸워야 하지요? 사랑과 용서의 예수님을 믿으시오. 그것밖에 살길은 없습니다.”

“더 이상 이자의 변명을 들을 필요가 없을 것 같습니다. 사형이 마땅합니까?”

“옳소.”

“죽여라!”

잠시 소란스러워졌다. 장총을 들고 있던 학생 하나가 달려들어 수건으로 동인의 눈을 가렸다. 그러자 군중 속에 서 있던 동신이 울면서 뛰어나왔다.

“형 대신 날 죽여 주시오. 형님은 장자입니다. 부모님을 모셔야 하니까 살려 주시고 대신 날 죽여 주시오.”

형의 앞을 가로막고 울음을 터뜨렸다. 동인이 황급히 제지했다.

"넌 여기 있지 말고 어서 돌아가! 죽고 사는 건 하나님 손에 달려 있다. 넌 여기 있으면 안 된다. 어서 가. 어서!"

동인이 아우를 밀어냈다. 그러자 총 든 학생들이 개머리판으로 동신의 옆구리를 쳤다.

"윽!"

"비키지 않으면 너두 죽인다? 비켜 임마!"

"내 아우를 때리지 마시오."

"빨리 집행해!"

누군가 외쳤다. 덜그럭거리며 장총의 안전장치를 풀어헤치는 소리가 들렸다. 총구들이 동인의 몸을 겨냥했다. 동인은 포승에 묶인 채 무릎을 꿇고 기도를 한 뒤 벌떡 일어났다. 그는 환희에 찬 목소리로 하늘을 보고 외쳤다.

"보라! 하늘이 열리고 인자가 하나님 우편에 서신 것을 보노라! 내 주 예수님이시여, 내 영혼을 받으시옵소서."

그는 기도를 하고 나서 청아한 목소리로 찬송을 불렀다. 형의 노랫소리를 들은 동신도 따라 불렀다.

하늘 가는 밝은 길이 내 앞에 있으니
슬픈 일을 많이 보고 늘 고생하여도
하늘 영광 밝음이 어둔 그늘 헤치니
예수 공로 의지하여 항상 빛을 보도다

“뭐하나? 빨리 갈겨라!”

“탕! 탕! 탕! 탕! 탕!”

총구가 불을 토했다. 먼저 두 발을 맞고 무릎을 꿇었고, 나머지 두 발을 가슴에 맞자 몸이 들썩하고 오르다가 나뒹굴었다. 당장 온몸이 벌집처럼 되었고 선혈이 낭자하게 흘러나왔다.

“형님! 형님!”

동신은 미친 듯이 달려나와 피가 흥건한 형의 시체를 끌어안고 흔들었다.

“죽지 마! 형! 형!”

눈을 가린 수건을 벗겨 내고 형의 얼굴에 제 얼굴을 비비던 동신이 총을 든 학생들을 노려보았다.

“너희들은 살인자야. 아무런 죄 없는 내 형님을 죽인 살인자란 말이다. 하나님이 두렵지도 않으냐. 우리 형님은 예수님이 계신 천당으로 가셨지만 너희들은 유황불이 이글거리는 지옥으로 떨어질 테니 각오하고 있어라. 살인자들! 살인자들!”

형의 시체를 부여잡고 미친 듯이 외치자 살인을 하고 제정신이 아닌 학생들은 순간적인 적개심에 불타올랐다.

“저 자식도 죽여 버려라!”

“탕! 탕!”

두 발의 총성이 다시 일어났다. 동인에 이어 동신마저 순교하는 순간이었다.

“형! 형!”

그들 중 안재선은 죽어 가는 동신의 몸에 두 발의 총을 더 쏘
아 확인 사살까지 했다. 동신은 형의 이름을 두 번 더 부르며 숨
을 거두었다.

13. 미친 세상

애양원에서는 모두 애가 달아 있었다. 여수에서 일어난 좌익 장교들의 반란으로 여수가 쑥대밭이 되고 순천까지 점령하여 길거리에 시체가 가득하다는 소문이 꼬리를 물고 들려왔다.

새벽예배를 끝내고 개인 기도를 마쳤는데도 제직들은 흩어지지 못했다. 손양원과 그의 아내의 얼굴이 너무나 어두웠기 때문이다. 여수는 반동 우익으로 몰린 정치인, 실업인, 사업가, 공무원, 경찰 등 3천 명이 넘는 사람들이 반란군에게 참살당했는데, 순천은 어떠한지 아직은 자세히 알 수 없었다.

"여수가 그 정도라면 순천은 더하면 더했지 조용하진 않을 것 같은데요?"

박 장로가 근심스럽게 말했다. 말을 안 해서지 그건 거기 모인 사람들의 같은 걱정거리였다. 순천에는 손 목사의 자녀들이 학교를 다니며 살고 있기 때문이었다. 순천에서 들려오는 소식은 시내가 반란군의 수중에 떨어졌다는 것뿐, 아이들의 안부를 전혀 알 수 없어 애를 태우고 있었던 것이다.

밭에 나갔던 집사 하나가 저녁때가 되어서 사택으로 뛰어왔다.

"목사님! 목사님! 동장이가 오고 있어요."

"동장이가요?"

맨발로 뛰어나온 사람은 정양순 사모였다. 그 즉시 손 목사도 나왔다.

"가봅시다."

열세 살 먹은 동장이는 완전히 지친 모습으로 솔밭길을 올라오고 있었다. 사모님이 쫓아가 끌어안았다.

"너 혼자 오는 거야? 형들은?"

"위험하니까 저 먼저 집에 가 있으라구 보냈어요."

어린 동생이 마음에 걸렸던 동인이 동장을 먼저 집으로 보냈던 것이다.

"에이그. 어린것이 사십릿길을 혼자 걸어오다니……. 형들은 다 무사하구?"

동장은 고개를 끄덕였다. 손 목사 내외는 비로소 안도의 숨을 내쉬었다.

"급한 것은 식량이에요. 다 떨어져 굶고 있을지 몰라요. 내일 아침 제가 나가 볼게요."

동희가 말했다.

“위험하지 않을까?”

“그래두 당숙하구 가볼게요.”

손 목사는 노환으로 위독한 신자가 있어 애양원 뒷동네로 심방을 나갔다. 바로 그 시간쯤 낡은 트럭 한 대가 털털거리며 애양원 교회를 향해 올라오고 있었다. 트럭이 교회 마당 앞에 멈춰 서고 다섯 명의 청년들이 뛰어내렸다.

그들의 손에는 총과 대창이 들려 있었다. 그들은 성전 안으로 뛰어 들어갔다. 청소를 하던 여집사가 놀라 바라보았다.

“손양원 목사 어디 있지?”

“교회엔 안 계신데요?”

“살림집은 어디야?”

“뒤쪽에 있어요.”

그러자 그들은 사택으로 몰려갔다.

“반동 목사 어디 있는지 잡아내!”

그들은 손 목사를 체포하러 온 여수 치안대 대원들이었다.

“없는데요?”

“손 목사, 어디 숨긴 거야? 엥?”

“순천 가시구 안 계세요.”

온 집안을 마구잡이로 뒤져도 없자 그들은 트럭 있는 쪽으로 나갔다.

“이 집 아들 놈도 지탄받아 온 반동 우익 아냐?”

“골수 예수쟁이지. 순천에서 학교 다니니까 지금쯤 인민재판 받아 총살당했을걸?”

그들은 저희들끼리 지껄이며 차에 올라 사라졌다. 덜덜 떨면서 나무 뒤에 숨어 그 무법자들을 지켜보던 동희는 총살이란 말에 그만 아연실색했다. 가슴이 뛰고 눈앞이 깜깜했다. 하지만 그들에게 들은 말을 어른들에게 전할 수는 없었다. 얼마나 놀라고 충격을 받겠는가.

이튿날 아침 동희는 당숙과 함께 순천으로 나갔다. 당숙은 쌀자루에 질빵을 걸어 어깨에 메었다. 동희는 마음이 급해서 아버지, 어머니께 변변히 인사도 못 하고 잰걸음을 쳤다. 오빠들의 안위가 걱정되었던 것이다.

한편 애양원으로 들려오는 소식은 무서운 것뿐이었다. 순천을 점령한 붉은 반란군은 양민들을 닥치는 대로 사살하고 반동이라며 수없는 우익 인사들을 잡아가고 있다는 것이었다.

“천여 명이 하루에 인민재판을 받고 모두 학살을 당했답니다. 교복 입은 학생들도 잡혀가더라는데요?”

애가 마른 정양순 사모는 아이들을 만나 직접 확인해 보겠다며 순천으로 나가겠다고 서둘렀다.

“지금은 위험해서 안 됩니다. 조금 기다리면 소식이 오겠지요.”

“그래요. 하루만 참아 봅시다. 동희가 나갔으니 무슨 일 있으면 달려올게요.”

그렇게 아내를 만류하고 안심시킨 후 손 목사는 혼자 기도실에 들어가 기도를 올렸다. 두 시간째 기도를 드리던 손 목사 앞에 환상이 보였다. 동인이 동신이 두 형제가 풀밭을 걸어가고 있었다. 손 목사 내외가 아무리 불러도 듣지 못하는지 뒤돌아보지도 않고 그냥 잘 알 수 없는 찬송가를 부르며 즐겁게 걸어가고 있었다. 풀밭 주변에는 맑은 시냇물이 흐르고 있고, 좌우에는 아름다운 숲이 우거져 있었다.

그런데 한순간에 보니 형제는 정강이까지 차는 시냇물 속으로 들어가 물속을 헤치며 걸어가고 있었다.

"동인아! 동신아!"

큰 소리로 불렀지만 돌아보지 않았다. 기도를 마치고 사택으로 돌아온 손 목사가 그 환상의 내용을 들려주자 아내는 어두운 표정을 지었다.

"설마 우리 동인이 동신이에게 무슨 일이 있는 건 아니겠죠?"

"글쎄. 왜 그렇게 생각하시오?"

"장터에 나갔더니 순천에서 왔다는 사람이 그러는데 좌익 학생들이 총을 들고 설치며 우익 학생들을 잡아가더래요. 자기가 우연히 순천세무서 부근에서 보았는데, 학생 하나를 포승줄에 묶어서 끌고 가며 때리는데 매를 맞으면서도 때리는 학생들에게 예수 믿고 회개하라 권하더라고."

"그럼 기독교 신자인 학생들도 끌어다가 처벌했단 말인가?"

"그이 말이, 그렇게 끌려간 학생들은 십중팔구 총살당했을 것 같다고 하더라구요. 어쩌면 좋아요? 우리 동인이 동신이도 그렇게 당한 게 아닐까요?"

“우리 아이들은 아닐 게요. 왜 그런 불길한 말씀하오?”

“아무래도 안 되겠어요. 가슴이 졸여서 한순간도 가만 있을 수가 없어요.”

“하나님께 맡깁시다. 죄 없는 아이들에게 무슨 일이 있겠소?”

손 목사는 애써 부인을 위로하였다. 하지만 불안하기는 마찬가지였다. 순천에서 아무 소식 없이 하루가 지나갔다. 초조하여 기다리는 것이 여삼추였다.

“빨갱이 군인들의 반란은 삼일 천하로 끝나고 국군들이 다 진압해서 여수 순천은 모두 빨갱이들 손에서 놓여났답니다.”

“그러면 곧장 동인 군이나 동신 군이 올 수 있을 텐데 왜 못 오지요?”

모든 제직들이 초조해서 어쩔 줄 몰라 했다.

“아무래도 안 되겠어요. 내가 속히 다녀와야지. 이렇게 피를 말려서야.”

정양순 사모가 길 떠날 채비를 하려고 사택으로 가려는데 누군가가 가로막았다.

“사모님, 제가 다녀오겠습니다. 염려 마시고 기다리세요.”

성산학교에서 아이들을 가르치는 젊은 홍순복 선생이었다.

“아직도 위험한 길일 텐데 어떻게 다녀온다는 거요? 가지 마세요.”

손 목사가 만류했다.

“아닙니다. 설마한들 반란이 다 진압되었다는데 큰 위험 있겠습니까? 지금 다녀오겠습니다.”

홍 선생이 서둘렀다. 만류하나마나라는 걸 안 손 목사는 홍 선생을 불러 세우고 가지고 있던 성경책을 내주었다.

“진압을 했더라도 국군 쪽에서는 지하에 숨은 좌익들을 색출하려고 검문이 아주 심할 것입니다. 가지고 가면 성경이 큰 도움을 줄지 모릅니다.”

“고맙습니다. 그럼 다녀오겠습니다.”

홍 선생이 인사를 하고 애양원교회를 떠났다. 국군에 의해 순천 시내가 진압되고 조용해졌다는 소식을 듣고 간 것이지만, 상황 변화가 마치 손바닥 뒤집는 것 같아서 하루 전 하루 뒤를 예측할 수 없었다.

홍 선생이 나가던 22일만 해도 국군이 시내를 탈환해서 조용해졌다 했지만 순천 시내는 전쟁 전야처럼 위험이 도사리고 있었다. 폭도들이 곳곳에 숨어 있어 색출하여 잡아 내고 있을 때였다.

그날 오후 쌍봉리에 돼지 새끼를 팔러 나갔던 오복이 아버지가 돌아와서 밭에서 일하던 몇몇 교우들에게 충격적인 소식을 전했다.

“빈손으로 오는 거 보니 돼지 새끼는 팔았나 보네? 값은 잘 받았는가?”

“응.”

“그런데 왜 그렇게 이레 여드레 굶은 시아부지처럼 히마리가 하나도 없는가? 뭔 일 있나? 응?”

“하도 어처구니없는 소리를 들어서 그러네.”

“뭔데?”

일하고 있던 세 사람이 괭이를 던지고 모여들었다.

“동인이하고 동신이가 죽었다는 거여.”

“죽다니, 이 사람 무신 소릴 하는 거여? 말이 씨가 되는 거여.”

오복이 아버지는 읍내에서 들은 대로 털어놓았다.

“쌍봉 종축장 집 큰아들이 순천에서 학교를 다니는데 그 아들이 봤다고 하더라네. 총살당한 우익 학생 중에는 애양원 목사 댁 두 아들도 있었다는 거여.”

청천벽력 같은 소식에 모두 땅바닥에 털썩 주저앉았다.

“그럴 리가, 그럴 리가 없어. 그 집 아들이 잘못 본 거여.”

서로 도리질을 하다가 확실이 아버지가 다짐을 놓았다.

“목사님께는 아직 비밀로 해.”

“나중에는 다 알려질 텐데 비밀로 하라구?”

“야, 이 사람아. 확실하지 않잖혀? 입 다물어. 평지풍파 일으키지 말구. 성산학교 오복이네 홍 선생님이 알아보러 순천에 직접 갔으니 그 양반 돌아오기 전에는 입도 뻥긋허지 말란 말이여.”

모두 입을 다물기로 했다.

손 목사 내외와 모든 교우들은 이제 홍 선생 돌아오기만을 손꼽아 기다리고 있었다. 그 이튿날이었다.

“동희가 제 동생하구 오구 있어요. 홍 선생님도 오나 봐요.”

양계장에 나갔던 차 선생 부인이 숨이 차서 뛰어오며 외쳤다.

"동희가 온다구요?"

부엌에 있던 아내가 놀라서 뛰어나가자 안방에서 성경을 읽던 손 목사도 읽던 성경을 손에 든 채 방문을 열고 뛰어나가 물었다.

"어디 있지요?"

그러나 이미 그의 아내는 차 선생 부인을 따라 교회를 벗어나 구암리 가는 길로 잰걸음을 놓고 있었다. 그런데 애들과 홍 선생은 아직 보이지 않고 외출했다가 돌아오는 심우영, 성점순 두 성도들만을 만났다.

"홍 선생님 보셨나요? 어디쯤 오구 있지요?"

"저 뒤 밭모롱이쯤 오고 있을 거예요."

"무슨 얘기 못 들었어요?"

"멀리서 뒤따라오는 것만 봐서 얘기를 못 나누었어요."

두 사람은 비켜 갔다. 이윽고 동희가 동생의 손을 잡고 걸어오고 있는 것이 보였다.

"동희야, 오빠들두 오구 있니? 응?"

아이들은 굳은 표정으로 말을 못 했다. 불길한 생각이 휙 스쳤지만 행여나 해서 급히 또 물었다.

"큰오빠 오구 있느냐구 묻잖아?"

"……"

"작은오빠는?"

"……"

"큰오빠, 작은오빠 다 무사하냐구?"

간절하게, 애타게 부르짖듯 물었으나 자매는 멍하니 서서 여전히 말이 없다가 자꾸 다그치자 앙 하고 울음을 터뜨렸다.

"오빠들에게 무슨 일 있니?"

"엄마!"

아이들은 대답을 못 하고 어머니 품에 달려들며 울었다. 아이들을 끌어안은 손 목사의 아내는 간밤에 내린 가을비에 아직도 질척거리는 황톳길 위에 털썩 주저앉아 오열을 삼켰다.

"동인아, 동신아!"

두 아들의 이름을 불렀다. 멀리서 뒤따라오던 홍순복 선생은 그 광경을 보자 마음이 찢길 듯 아픈 나머지 다른 길로 접어들었다.

한편 손 목사는 이인재 전도사와 교회 직원들과 함께 달려나간 아내의 뒤를 따라가려다가 교회 안으로 들어왔다. 그때 누군가가 소리쳤다.

"목사님, 홍 선생이 돌아왔어요."

손 목사는 그제야 화들짝 놀라며 교회 밖으로 나갔다. 이 전도사와 몇몇 장로들이 급히 뒤를 따랐다. 손 목사는 애양원교회 정문으로 나갔다. 돌아온 홍 선생은 벌써 여러 명의 애양원 식구들에게 둘러싸인 채 질문 공세를 당하고 있었다.

"목사님 오세요."

그 소리에 얼른 길을 틔웠다. 손 목사와 마주한 홍 선생의 얼굴 표정은 가관이었다. 안 그래도 나환자의 훈장 같은 흉터가 여기저기 남아 있어 보기 싫게 이지러진 얼굴인데 슬픔이 가득 차 보기에 안타까울 지경이었다.

손 목사는 대번에 육감적으로 알아차렸다.

"홍 선생, 잘 다녀오셨군요. 고생 많았습니다."

"……"

홍순복은 장승처럼 서서 말이 없었다. 입을 떼지 못하고 있었던 것이다.

"우리 동인이는 죽었군요?"

손 목사가 먼저 물었다. 그 말 속에는 "죽다니요. 안 죽었습니다" 하고 부정하기를 바라는 뜻도 간절하게 담겨 있었다.

"죄송합니다."

"총살당했나요?"

"……예."

"아―아."

손 목사는 푸르른 하늘을 올려다보았다. 그때까지도 작은아들까지 죽었으리라는 생각은 하지 못했다.

"저어……"

홍 선생이 괴로워서 어쩔 줄 모르자 손 목사는 오히려 위로했다.

"다 같이 기도합시다."

고개를 숙이는데 갑자기 꺽 하는 소리와 함께 홍 선생이 꺼이꺼이 울며 주저앉았다.

"홍 선생, 고정하시오."

“목사님, 도, 동신이도 당했습니다요.”

“뭐요? 동인이 동신이 둘 다 당했다구요?”

“예, 어허흑!”

손 목사는 잠시 현기증이 나는지 휘청했다.

“오, 주여!”

겨우 중심을 잡고 가슴 깊은 곳에서 탄식을 뱉어 냈다. 한동안 진정하고는 떨리는 소리로 말을 이었다.

“다 같이 기도합시다. 순교의 영광을 제 앞에 주시다니 오직 감사할 뿐이옵니다. 주여! 누가 내 아들을 죽였는지 모르지만 그들을 불쌍히 여기시고 먼저 그를 용서하여 주옵소서.”

손양원은 더는 기도를 잇지 못했다. 여기저기서 막고 있던 울음소리가 터져 올랐다.

10여 명 교우들이 둘러서 있었는데 언제 소식이 번졌는지 금세 100여 명으로 불어나 함께 오열을 삼켰다.

“주님, 이 엄청난 슬픔과 고난을 이길 수 있는 용기와 지혜를 주시옵소서. 일곱 번씩 일흔 번을 용서할 수 있는 사랑을 내려 주시옵소서. 저희 죄가 너무나 크옵니다. 용서하여 주시옵소서. 예수 그리스도의 이름으로 기도드립니다. 아멘.”

손 목사는 긴 침묵 이후 겨우 기도의 끝을 맺고 한숨을 내쉬었다.

“사모님이 동희를 데리고 사택으로 들어가셨는데 곧바로 혼절해 일어나시지 못하고 계시답니다.”

누군가가 전해 주었다. 그러자 박 장로가 손 목사에게 말했다.

"목사님, 사모님부터 정신을 추스르게 하시고 목사님도 좀 쉬시지요."

"아닙니다. 교회로 가십시다."

"이러다 병나시면 안 됩니다. 댁에 가서 쉬셔야 합니다."

"쉴 곳은 교회 성전밖에 없습니다."

손 목사는 그렇게 말하며 교회 안으로 들어갔다. 박 장로와 이 전도사만 사택으로 손 목사의 아내를 위로하러 갔을 뿐이다.

주일날도 아니었고 그렇다고 집회가 있는 날도 아니련만 애양원 교우들은 하나둘 말없이 모여들기 시작했다. 모여든 교우들은 거룩하게 순교한 동인과 동신을 위해 애도의 기도를 하며 흐느껴 울었다. 순식간에 성전이 꽉 찼다.

기도가 끝나자 누구랄 것도 없이 눈물을 흘리며 찬송가를 불렀다.

내 평생 소원 이것뿐 주의 일 하다가

이 세상 이별하는 날 주 앞에 가리라

꿈같이 헛된 세상일 취할 것 무어냐

이 수고 암만 하여도 헛된 것뿐일세

부르고 또 부르며 울었다. 잠시 후 박 장로가 강대상에 올랐다.

"오늘은 하늘이 울고 땅이 울어도 시원치 않을 슬픈 날입니다.

무슨 말로 참극을 맞으신 목사님과 사모님 그리고 가족들을 위로
할 수 있겠습니까? 아픈 상처를 헤집는 우가 될지 모르나 마침 홍
순복 선생이 그 비극의 현장을 다녀오셨으니 자세한 전말을 교우
들에게 전해 주셨으면 합니다. 괴로우시겠지만 나와 주시지요.”

홍순복은 고개를 떨어뜨리고 앉아 있다가 천천히 일어나 강대
상 밑에 섰다.

“올라와서 말씀하십시오.”

“어떻게 감히 제가 올라가겠습니까. 이 자리도 황송합니다. 잠
시 기도드리고 전하겠습니다.”

홍순복은 기도를 끝내고 마음을 추스르기 위해 침묵을 지키다
가 천천히 입을 열었다.

“국도를 따라 순천까지 가기로 했습니다. 사십 리 길이라 별로
멀지 않습니다만 사백 리를 가는 심정이었습니다. 지난 십구 일
여수에서 반란을 일으킨 좌익 장교들은 그날 바로 여수를 점령하
고 이튿날 이십 일에는 순천을 점령했다 합니다. 국군에 의해 순
천이 다시 탈환된 것은 이십이 일이었으니까 순천은 삼 일 동안
좌익들의 수중에 들어 있었다는 얘깁니다.

그 삼 일 동안 좌익 군인들과 지하에 암약하던 남로당 일파들,
좌익 학생 그리고 여기 부화뇌동한 시민들까지 가세하여 수천 명
의 양민을 살해한 것입니다. 그 양민 가운데는 우익으로 지목된
학생들도 다수 포함되어 있었습니다.

가던 날이 장날이었습니다. 국군이 순천을 탈환하던 날이라 곳

곳에서 검문이 심했습니다. 여수 애양원교회에서 가족을 찾기 위해 왔다며 목사님이 주신 성경책을 꺼내 보여 주어 무사통과했습니다. 성경을 가지고 다니는 좌익은 없다는 게 어느 장교의 말이었습니다. 시내에 들어서니 아직도 쿵쿵대는 포성이 들리고 경비행기 십여 대는 굉음을 내며 하늘에서 시위를 하고 멀리서 기관총 소리도 가끔 들려 탈환이 막바지인 듯했습니다.

처음에는 어쩌다 한 구씩 길거리에 시체가 보이더니 순천역에 들어서니 썩어서 냄새나는 시체가 역 마당에 산처럼 쌓여 있었습니다. 그 참상은 차마 눈뜨고는 볼 수 없을 지경이었습니다. 발가벗겨 대검으로 난자하여 죽인 여자의 시체, 전봇대에 묶어 놓고 총살한 경찰관의 십여 구 시체는 모았다가 휘발유를 부어 태우려 했던지 타다 말아서 누렇게 변한 채 널부러져 있었습니다. 더더욱 볼 수 없는 광경은 그 시체를 헤집으며 가족들의 시신을 찾는 부모 형제들의 모습이었습니다. 울며 이름을 부르고 아비규환이 따로 없었습니다.

동인과 동신이 제발 무사하기만 바라며 얼마 후 아이들이 사는 집 앞에 이르렀습니다. 대문이 잠겨 있었습니다. 빈집인 것 같아서 승주교회에 가보려고 가다가 아무래도 그냥 가서는 안 될 것 같아 돌아와 다시 문을 두드리며 큰 소리로 애양원에서 왔다고 외쳤습니다.

그제야 누구냐며 아주머니 한 분이 나왔습니다. 양 집사 부인이었습니다. 애양원에서 왔다 하자 아주머니는 동희를 부르며 나와 보라 했습니다. 동희가 제 동생을 데리고 나오는데 눈을 뜨지 못할 만큼 통통 부어 있었습니다. 오빠들이 어떻게 되었느냐고 물었지요. 그랬더니 죽었어요 하며 또 우는 것이었습니다.

이미 어느 정도는 짐작하고 있었지만 그 말을 듣는 순간 하늘과 땅이 딱 붙어 버리는 듯한 절망감에 빠져 한동안 말을 못 했습니다. 겨우 정신을 차리고 아주머니에게 물었습니다.

'그럼 시신은 찾아야겠지요?'

'이미 찾아 놓았어요.'

끌려간 동인이 형제를 아무리 기다려도 귀가하지 않아 변을 당한 것으로 짐작하고 학교로 찾아갔는데, 거기서 좌익 학생들이 형제를 총살했다는 사실을 알 수 있었답니다. 그런데 시신을 어떻게 처리했는지 알 길이 없더랍니다.

그래서 양 집사 내외는 함께 시신을 찾으러 다닐 게 아니라 각자 찾아 나서기로 했답니다. 양 집사는 인민재판을 하고 총살을 했다는 순천경찰서로 가고, 부인은 여러 곳의 시체를 벌교 가는 큰길이 있는 장대다리 근처 빈터로 내어다가 처리하고 있다는 소문을 듣고 그쪽으로 가서 찾아보기로 했답니다.

양 집사는 경찰서 뒤뜰에 이르렀지만 그곳에 쌓여 있던 시체는 이미 어디론가 운반하여 치워 버린 뒤였다 합니다. 형제의 시신을 찾은 사람은 양 집사 부인이었습니다. 장대다리 근처까지 갔는데 시신 찾는 가족들의 울부짖음으로 가득하더랍니다.

양 집사 부인은 의외로 형제의 시신을 빨리 찾았는데, 그건 총살당하던 그날 아침 갈아입고 간 옷들을 기억하고 있었기 때문입니다. 뭔가 불길한 예감을 느꼈던지 동인이는 이른 새벽 일어나 동생을 깨워 마당 우물가에서 깨끗하게 형제가 목욕을 했답니다.

그러더니 형제는 입고 있던 옷을 벗고 깨끗한 새 옷으로 갈아입고 가정예배를 드리더랍니다. 예배를 보고 방에서 나온 형제의 얼굴은 뭔가 결심한 듯한 얼굴이었답니다. 순교지에 끌려가는 순교자의 모습 같은 게 보이더랍니다.

아무튼 쉽게 시신을 찾았는데 시신이 너무 깨끗해서 놀랐답니다. 다른 시신들은 퉁퉁 붓거나 절단되거나 해서 험했지만 형제는 자는 듯한 얼굴이었다 합니다. 나중에 저도 확인했는데 집사님 말씀이 맞았습니다.

양 집사 내외는 시신을 운반해 올 수 없어 집으로 와서 이웃에 사는 정 집사란 분과 함께 가마니를 서너 장 구해 가서 우선 깔고 덮어서 안치하고 다시 집에 돌아왔다고 합니다. 애양원 집에 알리고 처리하려 했다는 겁니다. 그때 마침 동희 당숙님이 오셨지만 이분은 정신을 놓고 어쩔 줄을 모르는 바람에 도움을 받지 못하고 있던 차에 제가 도착했다고 했습니다.

저는 도착하여 양 집사 내외에게 자초지종을 듣고 동희를 데리고 장대다리 시신이 있다는 곳을 찾아갔습니다. 직접 확인하기 위해서였지요. 보고 나서 곧장 승주교회를 찾아갔습니다. 우선 시신을 수습하고 장례 때까지 안전하게 안치하고 싶어서였습니다. 하지만 교회에는 아무도 없었습니다. 하는 수 없이 집으로 돌아와 양 집사님과 상의했습니다. 저녁때 시신을 옮겨다가 앞산자락에 가매장하기로 말입니다."

목이 타는지 홍 선생은 물을 찾았다. 예배당은 성도들로 꽉 찼고 예배당 밖에까지 서서 안에서 들려오는 홍 선생의 말에 아픈 신음을 내며 아멘을 되뇌었다. 많은 사람들이 모여 있는데도 예배당은 물속 깊은 데처럼 조용했고 홍 선생이 말을 할 때마다 모두 오열을 삼켰다.

"이십일 일 동신 군 형제는 순교했다고 합니다. 피난을 가든가 아니면 조용해질 때까지 이웃집 지하실에 숨어 지내라고 양 집사님 내외가 권했는데도 괜찮다고만 하더랍니다. 그날도 새벽 일찍 형제가 일어났는데 그건 매일 새벽기도회를 가졌기 때문이랍니다.

그런데 여느 날과 달랐던 건, 앞서 얘기했듯 형제가 우물가에 나와 몸을 정갈하게 씻고 들어가더니 깨끗한 새 옷으로 갈아입고 가정예배를 드리더란 것입니다. 그런 뒤 아침을 먹자 데리고 있던 어린 아우 동장이를 애양원 집으로 가 있으라 보내더랍니다. 그 모든 것이 순교 준비를 하는 것 같았다 합니다.

아니나 다를까. 아침 열 시쯤 총을 든 좌익 학생들이 밀어닥쳐 동인 군은 포승줄로 묶어 데려가고 동신이는 포로를 잡아가듯 두 팔을 올리게 하여 끌고 가더랍니다.

왜 잡아가느냐 항의하자 그들은 몽둥이로 때리고 개머리판으로 치며 외치더랍니다.

'너는 목사 아들이며 미국 유학을 준비 중인 미 제국주의 앞잡이로 질이 나쁜 악질 반동이라 인민재판을 받아야 한다.'

형제가 순천경찰서로 끌려갈 때 마침 사진관을 하던 남편을 찾기 위해 자나가던 서종문 씨 부인을 제가 나중에 만나 들은 얘기는 참혹하고 거룩하기까지 했습니다. 총과 몽둥이를 든 좌익 학생들이 동인 군을 끌고 오는데, '기독교는 사랑의 종교이며 이 세상을 살아가는 불쌍한 우리의 영혼을 구원해 주고 영생을 약속한 인류 구원의 종교다. 부자도 빈자도 높은 자도 낮은 자도 없고 오직 용서와 사랑으로 살아가는 게 기독교다. 원수를 사랑하라 했다. 난 지금 너희들을 원망하고 미워하지 않는다. 동족끼리 왜 미워하고 싸우나? 난 너희를 사랑한다. 제발 예수를 믿어라'고 동인 군이 얘기하더랍니다.

총대로 얻어맞아 피를 흘리면서도 전도를 하며 끌려갔답니다. 그 말을 들으며 저는 십자가를 지고 골고다 언덕으로 끌려가신 예수님을 떠올렸습니다.

두 형제가 순교한 장면은 그 인민재판 현장에 우연찮게 있던 동신 군 나이 또래의 윤순웅이란 중학생에게서 들었습니다. 동인 군을 묶어서 앉혀 놓고 한번 맛 들이면 끊지 못하는 아편처럼 자신을 죽이고 이웃을 죽이고 사회를 좀먹게 하는 예수 사상을 버리겠다 약속하고 전향하라, 그리하면 조금 전에 전향을 약속한 학생처럼 목숨을 살려 주겠다며 회유하더랍니다.

하지만 동인 군은 고개를 흔들고 당당하게 말했답니다.

'예수님은 용서의 하나님이시며 사랑의 하나님이시다. 너희들도 예수를 믿으면 이렇게 동족끼리 미워하며 죽이는 일이 없게 된다. 사랑으로 무엇이든지 용서하기 때문이다.'

그랬더니 더 이상 용서할 수 없다며 사형을 내리더란 것이었습니다.

동인 군의 얼굴이 수건으로 가려지고 총살 준비를 하자 동신 군이 튀어나와 '우리 형 대신 날 죽여라. 우리 형은 장자다. 부모님은 장자가 모셔야 하니 대신 날 쏘라'고 대들었답니다. 그러자 동인 군은 동생을 말리며 빨리 여기서 떠나라고 나무랐다 합니다.

잠시 후 총구가 심장을 겨냥할 때 동인 군이 벌떡 일어나 '주여! 이 영혼을 받아 주시옵소서' 하며 맑고 청청한 목소리로 '하늘 가는 밝은 길이 내 앞에 있으니' 하면서 찬송가를 소리 높이 부르자 동신 군도 따라 부르더란 것입니다. 그러다 총탄을 맞고 그 자리에 쓰러져 운명했다 합니다.

동신 군이 쓰러진 형의 몸을 부여안고 '너희들 살인자들은 죄 없는 우리 형을 죽였으니 틀림없이 유황불이 타는 지옥에 갈 것이다'라고 절규하며 저주하자 저놈도 죽이자며 사살해 버렸답니다. 그렇게 형제는 순교했습니다."

홍 선생의 보고가 끝나자 이제 성전 안은 흐느낌 대신 통곡 소리로 가득 찼다. 처음부터 끝까지 모든 말을 들었는지 안 들었는지 손 목사는 꼼짝하지 않고 강대상 뒤에 꿇어앉아 기도를 올리다가 휘청거리며 일어섰다.

울음소리가 잦아들었다. 손 목사는 손수건을 꺼내 주체할 수 없을 만큼 흐르는 눈물을 씻어 내고 비감하게 입을 열었다.

"혹독했던 일제시대 순교하지 못했던 것이 평소 여한이었는데 하나도 아니고 두 명의 아들을 순교자로 내 대신 하나님께 바치니 그 영광 금할 길이 없습니다. 동인이 동신이는 분명 천당에 갔을 것입니다. 보라! 하늘이 열리고 인자가 하나님 우편에 서신 것을 보노라. 천당에 갔을 것입니다.

내 아들을 죽인 자들 회개치 않으면 지옥에 갈 것입니다. '예수는 아편이다. 아편에 중독되면 사회와 나라가 망한다' 했다 합니다. 예수님께 중독이 되어 '보라. 너희들이 아편이라 한 것은 사랑이다. 예수님의 사랑 속에는 부자도 없고 가난한 자도 없으며 원수도 없고 원망도 없으며 좌익도 없고 우익도 없다'고 가르쳐 준 것입니다.

내 아들을 죽인 자들의 얼굴을 보고 싶습니다. 그들에게 말해 주고 싶은 게 있습니다. 그보다 우리 동인이는 장차 세계적인 성악가가 되는 게 꿈이라 했고 애양원 봉사부터 시작하겠다는 결심을 비쳐 왔습니다. 동인이의 시신을 차갑고 낯선 순천 땅에 놓아 두고 싶지 않습니다. 속히 애양원 동산에 묻어 주고 싶습니다."

이튿날 애양원 청장년들은 두 순교자 동인, 동신의 시신을 찾아 애양원으로 운구하기 위해 신풍역에 나가 순천으로 갔다. 그들은 양 집사의 안내로 앞산 밑자락에 가매장했던 두 사람의 시신을 수습하고 담요로 싸서 들것 두 개에 실었다.

“순천역으로 나가 화물차를 탑시다.”

화물차에 시신을 싣고 신풍역에서 내렸다. 시신을 운구해 오고 있다는 소식이 전해졌는지 애양원에서는 천여 명 가족들과 인근 주민들이 나와 긴 숲길에 도열하여 싸늘한 시체로 돌아오는 젊은 두 순교자를 맞으며 눈물로 찬송가를 불렀다.

하늘 가는 밝은 길이 내 앞에 있으니
슬픈 일을 많이 보고 늘 고생하여도
하늘 영광 밝음이 어둔 그늘 헤치니
예수 공로 의지하여 항상 빛을 보도다

이윽고 애도 속에 두 구의 시신이 애양원 마당 시상(屍床) 위에 내려졌다. 정양순 사모가 달려와 시신을 껴안았다.

“내 아들 동인아! 동신아! 이게 무슨 날벼락이냐? 아닐 거야. 여기 누워 있는 시체는 내 아들이 아니야.”

주위의 만류를 뿌리치고 몸부림치며 어머니는 덮혀 있던 담요 자락을 걷어 아들의 얼굴을 확인했다.

“내 아들! 내 아들!”

두 아들의 어머니가 정신을 놓고 주저앉았다.

“사모님, 정신 차리세요. 이봐요, 사택으로 모시고 가세요.”

이인재 전도사가 여집사들에게 외쳤다. 부축하여 겨우 사택으로 걸음을 옮겼다. 지금까지 온몸을 떨고만 있던 손 목사는 하나님을 뇌면서 충격을 이기지 못하고 비틀거렸다.

"하나님, 하나님 아버지!"

손 목사는 교회 성전으로 쓰러질듯 걸어갔다. 이 전도사가 급히 따라가 부축했다. 손 목사는 강대상 밑에 쓰러져 참고 있던 오열을 터뜨리고 몸부림치며 울었다. 그러자 이 전도사가 다가와 호통치듯 말했다.

"손 목사님, 왜 그렇게 약한 모습을 보이십니까? 의연한 모습을 찾으세요. 우리는 일제의 감옥에서 순교당하기를 원했지만 하나님은 바라지 않으셨습니다. 목사님의 훌륭한 두 아드님이 순교하기를 원하신 것입니다. 얼마나 자랑스럽습니까? 얼마나 영광스럽습니까? 왜 슬퍼하십니까? 천국에 갔으니 오히려 기뻐해야 할 일 아닙니까? 정신 차리고 일어나 하나님께 기도합시다."

이인재 전도사의 나무람을 듣는 순간 손 목사는 뭔가 크게 깨달은 사람처럼 눈물을 닦고 의연하게 일어섰다. 그리고 이 전도사의 손을 잡고 기도했다.

"하나님, 못난 저를 용서하여 주옵소서. 일제의 총칼 앞에서도 약해지지 않았던 제가 나약한 모습을 보여 하나님의 영광 가리웠다면 용서하여 주옵소서. 백 살에 얻은 귀한 외아들 이삭을 번제물로 바치라 하신 하나님의 명을 받은 아브라함은 그에 순종했나이다. 자식이라도 죽이겠다고 순종했나이다. 허나 이 종은 두 자식이 순교자의 영광된 제단에 제물로 바쳐진 것을 슬퍼하고 있었습니다. 기뻐해야 할 일에 슬퍼했으니 죄송합니다. 예수님 이름으로 기도합니다. 아멘.”

기도를 마친 손 목사는 이 전도사의 두 손을 힘 있게 잡고 고마워했다. 이인재 전도사는 손 목사와 평양신학교 동기 동창이다. 신사참배 거부운동을 벌이다 투옥되어 고초를 겪다가 조국 해방으로 풀려난 감옥 동기생이기도 했다. 그는 부흥회 강사로 초빙되어 왔다가 손 목사의 비극을 보고 차마 떠나지 못해 함께 있었다.

“이 동지, 고맙소. 정신 나도록 매를 쳐주시니 말이오. 이제 슬퍼하지 않겠소.”

14. 하늘도 울고 땅도 울던 날

1948년 10월 27일.

청명한 가을 하늘이 드높게 맑았다. 애양원 마당에는 하얀 국화꽃으로 뒤덮인 꽃상여가 놓여 있었고, 각 교계의 애도 글이 쓰인 100여 개가 넘는 만장이 불어오는 해풍에 나부끼고 있었다.

아름다운 두 청년, 동인과 동신의 장례식 날이었다. 장지는 동도 앞바다 양지바른 산자락이었다. 영결예배는 장지에 가서 드리기로 했다. 상두꾼만 스무 명이었다. 꽃상여가 두 대였기 때문이다.

"뗑그렁! 뗑그렁!"

교회 종소리가 울리기 시작했다. 조종(弔鐘) 소리였다. 두 아들을 정들었던 애양원에서 떠나보내는 소리였다. 긴 여운을 끌며 종소리가 계속되었다.

"간단한 고별 예식을 하고 장지로 떠나겠습니다."

이 전도사가 인도를 했다. 교회를 떠나는 두 조카를 위하여 황덕순 고모가 고별기도를 했다. 교회 마당에 모인 천여 명 애양원 식구들과 조문객들은 고별기도를 들으며 흐느껴 울기 시작했다. 목이 메어 찬송가를 부르지도 못했다.

꽃상여가 교회를 뒤로하고 숲길을 내려갔다. 장지까지는 동도 앞바다를 막고 있는 긴 둑이 있었다. 꽃상여가 둑길로 들어서자 손 목사는 두 상여를 잡고 절규하듯 찬송을 불렀다.

고생과 수고가 다 지난 후 광명한 천국에 편이 쉴 때
주님을 모시고 나 살리니 영원히 빛나는 영광일세
영광일세 영광일세 내가 누릴 영광일세
은혜로 주 얼굴 뵈옵나니 지극한 영광 내 영광일세

손 목사는 목이 메어 울음 반 노래 반 찬송을 이어 갔다. 그 뒤를 따르는 100여 개의 깃발 같은 만장들은 숲처럼 휘날리고 천여 명 조객들은 다 함께 울면서 찬송을 따라 부르고 둑길을 길게길게 행렬을 만들며 장지로 향했다.

장지에 이르자 박 장로의 집전으로 영결예배가 거행되었다. 이인재 전도사의 짤막하지만 감동을 주는 설교가 있었다.

"이 시간 하나님의 제단에 순교한 젊고 아름다운 두 청년의 장례식을 인도하게 되어 영광스럽기 이를 데 없습니다. 평소 주를 위해 순교한 순교자들의 삶과 신앙과 죽음을 부러워하고 선망해 왔는데 제 손으로 두 순교자를 장사하게 되었으니 얼마나 기쁜 줄 모르겠습니다.

이 두 젊은이는 누구도 해낼 수 없는 참신앙인의 본을 보여 주었고, 돌을 던지는 바리새인들 앞에서도 하나님을 증거하며 영광스런 죽음을 맞이했던 스데반 집사의 그 신념과 용기를 보여 주었습니다.

분명 주님은 죽은 나사로를 살려 주신 것처럼 이 형제를 살리셔서 천국에서 기뻐하며 함께 사시리라 믿습니다. 다 함께 이 형제의 신앙을 푯대 삼고 가는 길을 따릅시다.”

설교가 끝나자 형제에 대한 약력이 소개되고 애도사와 성가대의 찬양이 이어진 뒤 손 목사의 답례사 순서가 되었다. 하얀 두루마기에 삼베 두건을 쓴 손 목사의 모습은 쓸쓸해 보이긴 했으나 슬픔을 극복한 결연한 목자로 돌아와 있었다. 그는 품에서 기록한 것을 꺼냈다. 그리고 침착하게 입을 열었다.

“부모를 여의면 앞산에 묻고 자식을 여의면 가슴에 묻는다 하였습니다. 내 무슨 염치로 긴 답사를 하겠습니까만은 밤새 생각하고 또 생각한 감사의 말씀 몇 가지가 있어 그것만 말씀드리고 답사를 갈음할까 합니다. 주님이 제게 아홉 가지 복을 내려 주신 것을 감사드립니다.

그 복에, 첫째는 저 같은 죄인의 혈통에서 순교자 자식들을 주심을 감사합니다.

둘째, 허다한 성도들 중 어찌 이런 보배들을 주께서 하필 제게 맡겨 주시니 감사합니다.

셋째, 삼남 삼녀 중에서도 가장 아름다운 두 아들 장자와 차자를 바치게 된 그 축복에 감사합니다.

넷째, 한 아들의 순교도 귀하다 하거늘 하물며 두 아들의 순교이리오. 감사합니다.

다섯째, 예수 믿다가 누워 죽는 것도 큰 복이라 하거늘 하물며 전도하다 총살 순교 당함이리요. 감사합니다.

여섯째, 미국 유학 가려고 준비하던 제 아들, 미국보다 더 좋은 천국에 갔으니 마음 안심이 되어 감사합니다.

일곱째, 사랑하는 두 아들을 총살한 원수를 회개시켜 아들 삼고자 하는 사랑의 마음을 주신 하나님께 감사합니다.

여덟째, 두 아들의 순교로 말미암아 무수한 천국의 아들들이 생길 것이 믿어지니 감사합니다.

아홉째, 이 같은 역경 중에서 이상 여덟 가지 진리와 하나님의 사랑을 찾는 기쁜 마음, 여유 있는 믿음 주신 우리 주께 감사합니다. 제게 분수에 넘치는 과분한 복을 내려 주신 하나님께 모든 영광 돌립니다. 이 일들이 옛날 제 부모님이 새벽마다 부르짖던 수십 년간 눈물로 된 기도의 결실이요, 사랑하는 나환자 형제자매들이 이십삼 년간 저와 가족을 위해 기도해 준 그 성의의 열매로 믿어 의심치 않으며 여러분 모두에게 감사드립니다."

답사가 끝났다. 모인 사람들은 모두 슬픔에 잠겨 손 목사의 감사 말씀 하나하나를 새겨듣다가 잘못 듣지나 않았나 해서 머리를 들고 손 목사의 표정을 살폈다.

사랑하는 두 아들을 총살한 원수를 회개시켜 아들 삼고자 하는 사랑의 마음을 주신 하나님께 감사합니다.

아들을 죽인, 그것도 두 아들을 총으로 쏘아 죽인 원수를 회개시켜 양아들을 삼고자 하다니, 그럴 수도 있는 일일까. 그런 마음이 진심이 아니라면 장례식에서 발표하지 않았으리라. 결코 아무도 흉내 낼 수 없는 진정한 사랑과 용서가 무엇인지, 그 실천의 의지를 밝히고 있어 듣는 이들은 모두 감동할 수밖에 없었다.

한편 여수·순천 사건을 일으킨 이들은 며칠이 안 되어 국군들에게 토벌되었고 곧이어 이 일대에는 비상계엄령이 선포되었다. 일반법은 무시되고 모든 법을 계엄사령부가 관장하게 된 것이다.

계엄사에서는 반란 사건에 부역했거나 동조한 좌익분자들과 군인들을 철저히 가려내고 수색하여 잡아내기 시작했다. 잡혀 온 용의자는 순천 북국민학교에 수용하여 하나하나 심문하여 죄의 경중을 따져 죽이거나 살릴 자로 분류했다.

반란군이 쳐들어왔을 때 시내를 지키던 경찰은 전멸하다시피 하여 치안을 맡을 경찰력이 없었다. 그래서 계엄군이 치안을 맡았는데, 그들은 지역 사정에 어두웠기 때문에 우익에서 만든 학생연맹의 도움이 필요했다.

학생연맹에게도 색출, 조사, 연행 등의 권한을 주었고 총기 소지도 허가했다. 이쯤 되자 학생연맹의 위세는 대단했다. 연맹 본부는 순천 시내 복판 문구사 자리에 있었는데, 그곳은 잡혀 온 좌익학생들의 비명으로 가득했다. 고문을 해가며 취조했기 때문이다.

악질이란 판단이 나면 즉결 처단이 이루어졌다. 몽둥이질을 해서 죽이거나 아니면 총살 현장으로 보내는 것이었다. 이렇게 되자 그곳에 잡혀 온 좌익 학생들의 부모들이 몰려와 자기 아들은 죄가 없으니 풀어 달라며 북새통을 이루었다.

승주교회 나덕환 목사 아들이며 순교당한 동신의 친구인 나제민도 학생연맹에 들어 거리 치안을 맡아 봉사하고 있었는데, 동인과 동신을 죽인 범인이 잡혀 연맹 사무실에 있다는 소식을 들었다.

나제민이 달려갔을 때 범인으로 지목된 좌익 학생 안재선은 이미 구타를 당하여 피투성이가 된 채 방 한쪽 구석에 짐짝처럼 앉아 있었다. 그때까지도 그는 두 형제를 총살한 장본인이 아니라며 무죄를 주장하고 있었다.

제민은 심문을 담당하고 있던 간부 학생에게 말했다.

"다시 한 번 저자를 문초하면 제가 함께 살인자라는 걸 밝혀내겠습니다."

"좋다."

제민은 안재선을 의자에 앉혀 놓고 날카롭게 파고들었다.

"나는 승주교회 나덕환 목사 아들이고 순천중학 이 학년인 나제민이다. 지난 시 월 이십 일 아침 열 시쯤 총을 든 넌 열두 명의 좌익 학생들과 떼를 지어 먼저 우리 교회 사택으로 몰려왔었다. 어디 있는지 날 내놓으라는 거였다. 나는 벽장 밑 작은 틈에 숨어서 너희들을 지켜보았으니 거짓말은 안 통한다. 날 잡지 못하자 네가 외쳤잖아? 반동새끼 손동인을 잡으러 가자고."

"맞나?"

옆에 있던 간부가 물었다.

"가긴 했습니다만."

"총대로 개 패듯이 패고 세무서 뒤로 끌고 간 뒤 거기서 순천경찰서 뒷마당으로 끌고 갔잖아?"

"인정하나?"

"……예."

동인을 안재선이 앞장서서 끌고 갈 때는 제민은 숨어 있어 보지 못했다. 그 후 일어난 일들은 반 친구들에게 들은 사실이었다.

"악질 반동이며 미제 앞잡이란 누명을 쓰고 사형을 내렸을 때 맨 앞에서 동인 형의 가슴에 총을 갈겼지. 동인 형이 죽고 나자 눈이 뒤집혀 살인을 항의하는 내 친구 동신이마저 총질해서 죽인 거 아냐."

"인정하나?"

"아닙니다. 연행해 간 건 사실이지만 총질은 하지 않았습니다. 총을 쏜 것은 다른 학생이었습니다."

그는 강하게 부인했다. 그러자 증오의 눈길로 쏘아보고 있던 순천농업학교 학생 하나가 안재선의 가슴을 갑자기 걷어찼다.

"나쁜 새끼, 우리 모두 네놈이 쏘아 죽이는 걸 보았는데 뻔뻔하게 부인해? 야, 몽둥이 가져와."

그는 가져온 몽둥이를 들더니 사정없이 패기 시작했다. 핏물이 튀고 안재선은 비명을 내질렀다.

"이래두 거짓말할 거냐? 엥?"

"사, 살려 주세요. 말, 말할 테니까 매 좀……."

"좋아, 얘기해 봐."

"정말 동인이에게 총질 안 했습니다. 그 아우 동신이가 다른 친구 총에 맞아 꺼꾸러졌을 때 죽었는지 살았는지 몰라 그의 몸둥이에 두 발 쏜 것이 답니다."

"야아, 확인 사살까지 했네? 가장 잔인한 것이 확인 사살이야. 그건 인정하면서 동인이 형제에게 처음 쏜 건 인정하지 못한다? 누굴 어린애로 아냐? 안 되겠네. 이 새끼 아예 병신으로 만들었다가 죽여야겠어. 대못 박은 각목 있지? 그걸로 조져야 인정할 것 같애."

대못이 튀어나온 각목을 찾아들고 어깻죽지를 후려쳤다.

"아악!"

"네가 죽이고 확인 사살한 거 맞지?"

더 버텨 봐야 안 되겠다는 걸 알자 안재선은 자기가 주도적으로 두 형제를 죽였다고 실토했다. 이 소식은 제민이 아버지 나덕환 목사에게 전해졌고, 나 목사는 급히 사람을 애양원에 보내 범인이 잡혔음을 알렸다.

손 목사는 돌산교회에 부흥집회가 있어 사흘 정도 떠나게 되어 채비를 하고 나서 딸 동희를 불렀다.

"예, 아버지."

"난 돌산교회에 부흥회가 있어 지금 떠나려 한다. 너한테 부탁이 있어 불렀다."

"뭔데요?"

"지금부터 아버지가 하는 말 잘 들어야 한다. 오빠들을 죽였다는 범인 학생이 잡혔단다. 내 대신 지금 바로 순천으로 나가 승주교회에 가서 나 목사님을 만나거라. 나 목사님께 무슨 일이 있든 그 범인 학생을 살려서 내 앞에 오게 해달라고 전해."

"뭐하시려구요?"

"용서하고 회개시켜 내 믿음의 아들로 삼겠다고 장례식 때 밝히지 않았니?"

"싫어요. 안 가요."

"동희야! 왜 그래?"

"그 사람은 오빠들을 죽인 철천지원수예요. 내 앞에 있으면 내가 죽이고 싶은 자예요. 그런데 살려 주고 아들 삼겠다구요? 죽어도 난 그 꼴 못 봐요."

동희는 열여섯 살 어린 소녀였다. 아버지 앞에서 그렇게 막말을 하며 대들어 본 적이 없었다. 손 목사는 난감해하다가 온화한 목소리로 동희를 설득했다.

"우리 동희 마음을 아버진들 왜 모르겠니? 동희야, 너두 하나님 말씀인 성경을 믿지?"

"……."

"아버지는 성경말씀 중에 우상을 숭배하지 말란 십계명 하나를 지키려고 일본 사람들로부터 온갖 핍박을 받으며 오 년 동안 그 차가운 감방에서 꿋꿋이 견뎠다는 걸 너두 알고 있겠지? 성경말씀에는 원수를 네 몸처럼 사랑하란 말씀이 있다. 네 오빠를 죽인 그자는 원수다. 하지만 그 원수를 용서하고 사랑하라고 주님은 가르치고 계시다. 우상을 숭배하지 말라는 계명을 지키기 위해 목숨을 걸었으면 원수를 사랑하라 하신 주님의 말씀도 지켜야 할 거 아니니? 하나는 지키고 하나는 안 지키면? 그건 말이 안 되잖니? 원수를 일곱 번, 아니 일곱 번을 일흔 번까지라도 용서하라 하시며 사랑으로 회개시키라고 하셨다. 그리고 그자가 제 죄를 뉘우치지 않고 죽으면 지옥 가겠지? 지옥 가는 걸 알면서 목사가 구해 주지 않는다면 하나님이 뭐라 하시겠니? 지옥 가는 건 막아 줘야지."

"그래두 안 가요."

"어서 가렴. 시간이 없다. 우리가 우물쭈물하는 사이에 그 범인이 총살당해 버리고 나면 구해 줄 수가 없잖아?"

동희는 더 이상 버티지 못하고 순천으로 나가 승주교회에서 나덕환 목사를 만났다. 손 목사가 전하라는 말을 다 듣고 난 나 목사는 묵묵히 고개를 끄덕였다.

"정말 대단하신 분이다. 장례식 때 그런 말씀을 하기에 정말 그럴까 했는데 약속을 지키시려 하는구나. 넌 여기 있거라. 우리 제민이하구 다녀올 테니."

나 목사는 아들 제민을 데리고 범인 학생이 잡혀 있다는 좌익 학생 조사실을 찾아갔다. 조사실은 조선은행 순천 지점 옆 대학당이란 곳에 있었다. 마침 안재선이 계엄군 장교로부터 마지막 취조를 받고 있었다.

장교 주위로는 학생연맹 간부 20여 명이 둘러서 있었다.

"너 자백한 걸 뒤집는 이유가 뭐지?"

"매가 무서워서 그랬습니다. 전 아무도 안 죽였습니다. 살려 주세요. 제정신이 아니었습니다. 한 번만 용서해 주세요."

그러자 학생들이 나섰다.

"가증스런 놈입니다. 죽으러 가면서도 거짓말을 하는군요. 이런 놈은 총알도 아깝습니다. 여기서 때려 죽입시다."

"그럽시다."

장교 주변에 서 있던 학생들이 제각각 각목을 들고서 구타하기 시작했다. 그 사이로 들어가 두 팔을 벌리며 말린 사람은 나 목사였다.

"잠깐! 참으시오."

"아니, 누구세요?"

장교가 물었다.

“난 승주교회 나덕환 목사입니다.”

학생들 가운데서는 나 목사를 아는 이들도 있었다.

“목사님이 웬일이시죠?”

“이 범인 학생이 손동인 형제를 총살시킨 장본인 맞습니까?”

“그렇습니다. 이자도 총살형을 받을 겁니다.”

“죄송합니다. 순교를 당한 두 학생의 아버지 손양원 목사께서 이 학생을 자기 앞으로 넘겨주기를 원하고 있습니다.”

“뭐하게요? 직접 죽이겠다, 그 뜻인가요?”

“그게 아니라 예수님이 가르치신 대로 원수를 용서하고 회개시켜 양아들로 삼으시겠다는 것입니다. 그 뜻대로 해주십시오.”

“양아들로 삼을 테니 내달라? 아들 잃더니 머리가 좀 도신 게 아닙니까? 나, 참! 돌아가십시오.”

“피해자 부모가 원하고 있지 않습니까?”

“소용없습니다. 지금은 비상계엄령이 내려진 상태입니다. 빨갱이를 살려서, 그것도 사형이 확정된 범인을 내주면 빨갱이 편들었다고 목사님도 무사하지 못할 겁니다. 그냥 돌아가십시오. 그리구 일개 초급장교가 이왈저왈 할 수 없는 일입니다. 계엄사 윗분이 정하실 일입니다.”

나 목사는 하릴없이 돌아서고 말았다. 이튿날 아침 손 목사의 소원을 이루게 해달라고 간절히 기도하고 났을 때 아들 제민이 들어와 알렸다.

“범인 학생의 사형이 확정되어 지금 팔왕카페 쪽으로 끌고갔답니다. 계엄사령부가 그 근처에 있거든요."

"그래? 속히 가보자."

사령부 옆 텅 빈 건물 안에는 교실만 한 공간이 있었는데 그곳
이 사형수의 마지막 대기실이었다. 나 목사는 책임자인 대령을 만
나 통사정했다.

"이미 사형이 확정되었습니다. 잠시 후면 형장으로 가는 트럭이
오게 돼 있습니다. 헛수고하지 마시고 돌아가세요."

"대령님, 자식 잃은 부모의 원도 못 풀어 주시겠습니까? 빨갱
이가 빨갱이로 죽으면 아무 의미도 없습니다. 그 빨갱이 하나라
도 붉은 물을 빼내 주고 평생 회개하며 살아가게 해주면, 그 영
혼을 구해 주면 지옥 가는 걸 막을 수 있지 않겠습니까. 목사로
서 당연히 목사의 할 일을 하겠다는데 그걸 왜 가볍게 내치십니
까? 하나도 아니고 두 자식 모두 빨갱이에게 참살당한 부모의 마
음을 생각해 보셨나요? 죽이고 싶겠지만 범인을 사랑으로 용서하
려 하고 있습니다. 그렇게 결심하기까지 얼마나 힘이 들었을까 생
각해 보십시오."

"목사님도 참 답답하십니다. 당사자 부모도 아니시면서 왜 감
놔라 배 놔라 하십니까?"

"본인이 아니어서 못 믿겠다는 말씀이군요. 마침 그 목사님 따
님이 우리 집에 있습니다. 데려오면 만나시겠습니까?"

"시간이 없지만 데려와 보시오."

그리되어 나 목사는 5분 거리의 자기 집에 가서 동희를 데리고

뛰어서 돌아왔다. 그 사이에 형장으로 가는 트럭이 오면 만사 끝나는 것이었다. 다행히 일행은 트럭보다 먼저 도착했다. 하나님이 살펴 주셨던지 운전병이 밖에서 뛰어 들어오더니 보고를 했다.

"트럭이 고장 나서 이삼십 분 정비한 후 형장으로 갈 수 있겠습니다."

"좋아. 그리고 목사님, 저 아이가 그 목사님 따님인가요?"

"그렇습니다. 어서 인사드려라."

"네 이름이 뭐야?"

"손동희인데요."

"어느 학교 다녀?"

"순천 매산여중 일 학년입니다."

"죽은 학생 둘은 오빠 맞냐?"

"네."

"네가 아버지 손 목사님의 심부름으로 나 목사님을 만나러 왔다는데 너희 아버지가 무슨 부탁을 했지?"

"우리 아버지 손양원 목사님은 신사참배는 우상숭배이므로 기독교 계명에 위배되니 받아들일 수 없다 하여 일본 경찰에 잡혀가 무기징역을 선고받고 오 년이나 차가운 감방에서 지내며 신앙의 순결을 지키신 분입니다."

"그래?"

대령은 흠칫 놀라는 얼굴이 되었다.

"그런 아버님도 자식을 죽인 범인은 그들이 죽인 대로 저도 죽어 마땅하며 그리되어야 한다고 원한을 품으셨지만 곧 아버님이 회개하셨다 했습니다. 계명 한 조항을 지키려고 오 년을 싸웠는데 원수를 네 몸처럼 사랑하라신 주님의 말씀이 있는데도 지키지 않으려 했다는 데 부끄러움을 느끼셨다 했습니다. 어느 계명은 지키고 어느 계명은 지키지 않는다면 참다운 목자가 될 수 없다, 내 아들을 죽인 범인을 용서하고 평생 회개케 하며 내 양아들로 삼아 그의 영혼을 구해 주겠다, 그렇게 결심하셨다 했습니다. 그래서……"

동희는 더 이상 말을 잇지 못하고 테이블 위에 엎드리며 큰 소리로 울음을 터뜨렸다. 처음에는 눈시울을 붉히던 학생들이 이제는 흐느끼고 있었다. 대령도 손수건으로 눈물을 찍어 내며 목이 메었다.

"정말 위대하신 목사님이다. 성자다! 그런 성자가 있다니!"

그렇게 범인 안재선은 죽음 직전 살아날 수 있었다. 이윽고 고쳐진 트럭이 왔고 사형 대기자 15명이 실려서 형장으로 갔다. 그러나 안재선은 제외되었다. 나 목사가 안재선의 머리를 잡고 안수하자 그는 펑펑 울며 잘못을 빌었다. 그리고 살게 해준 것을 감사했다.

부흥회를 다녀온 손 목사는 딸 동희에게 자초지종을 듣고 이튿날 안재선을 만나러 가겠다고 하였다. 먼저 손 목사는 승주교회에 가서 나덕환 목사 내외를 만났다.

"나 목사! 정말 고맙소. 마음고생 많이 했지요?"

“손 목사만 하겠소? 지금 안재선을 만나 보는게 어떻겠소.”

“그러려고 왔소.”

“난 약속이 있어 함께 못 가오. 우리 사모가 안내해 줄 거요.”

“여러 가지로 고맙소. 그럼 사모님, 가실까요?”

나 목사 아내는 손 목사와 함께 안재선의 집을 찾아갔다. 재선의 부모는 시장 부근에서 건어물 가게를 하고 있었다.

“손양원 목사님이세요.”

나 목사의 아내가 손양원을 소개하자 재선의 부모는 어쩔 줄 모르며 허리 굽혀 인사했다.

“정말 죄송합니다. 제 아들놈 생명의 은인이신데……. 안 그래도 오늘쯤 찾아뵙고 자식 놈의 씻을 수 없는 죄를 용서해 주십사 하고 빌려던 참이었습니다.”

재선의 아버지 말에 재선이 어머니가 울먹이며 말했다.

“백 번 죽어도 쌀 놈을 목사님이 살려 주셨어요. 이 은혜 평생 잊지 않겠습니다.”

“재선이는 어디 갔나요?”

“목사님 오신 걸 보고 뒷방으로 숨은 것 같습니다. 재선아! 어서 나와라. 인사 올려!”

아직도 피멍이 가시지 않은 부은 얼굴을 하고 다리를 다쳤는지 절룩이며 나왔다. 손 목사가 그의 어깨를 싸안았다.

“고생했다. 나하고는 처음 만나지?”

“예.”

"기도하자."

손 목사는 재선의 거친 손을 잡고 기도를 올렸다.

"하나님, 제 자식 귀하면 남의 자식도 귀한 법이라는 걸 알고 있나이다. 저는 두 아들을 잃고 새 아들 하나 얻었나이다. 새 아들 재선이를 축복하시고 부디 죽은 두 아들 몫까지 하나님의 귀한 일꾼으로 살게 해주시옵소서. 쟁기를 잡은 자는 뒤를 돌아보아서는 안 된다 하셨으니 한때의 잘못으로 저지른 모든 죄는 이 순간부터 저희 집안과 이 집안과 재선이의 머릿속에서 깨끗이 지워 버릴 수 있게 하여 주소서. 그리하여 새사람으로 거듭나서 하나님 잘 섬기게 하시고 좋은 아들 될 수 있게 하여 주시옵소서."

기도 내내 안재선은 어깨를 들썩이며 울고 있었다. 재선의 부모도 울고 있었다. 기도가 끝나자 손 목사는 시계를 보고 흠칫했다.

"서둘러 가야겠군요. 통금 시간이 오후 여섯 시라는데 벌써 다섯 시입니다. 재선아, 몸을 추스르는 대로 애양원으로 오너라."

"예."

"자, 그럼."

손 목사가 일어나자 재선 아버지가 부탁했다.

"목사님, 부디 이놈을 용서하고 아드님으로 입적시키십시오. 사람다운 사람으로 새로 만들어 주십시오. 그게 제 소원입니다."

"알겠습니다."

"그리고 중학교에 다니는 따님이 아주 똑똑시럽다든데 낼부터라도 저희 집에 와서 학교 다니게 하면 어떻겠습니까? 따님 또한

독실한 신자라니 저희들 예수 믿는 일에 큰 도움이 될 듯합니다.”

“고맙습니다. 그렇게 해보도록 하지요.”

그 후 안재선은 애양원에 와 손 목사 밑에서 백일 특별 회개 기도와 성경공부를 하며 새사람이 되기 위해 힘썼다. 하지만 주위의 따가운 시선도 많았다. 동인과 동신을 아는 사람들은 증오의 눈길을 거두지 않았다. 그중에서도 동인의 오촌 당숙은 재선만 보면 부엌으로 달려가 식칼을 들고 나와 저놈 죽여야 한다며 길길이 뛰곤 했다.

손 목사는 재선을 취직시키려고 여수며 순천 시내, 아는 곳 아는 사람한테는 다 부탁하는데도 취직이 안 되었다.

“염려하지 마세요. 잘될 겁니다.”

꼭 취직이 될 것 같은데도 마지막에는 이 핑계 저 핑계 대면서 거절하는 것이었다. 그가 누군지 알기 때문이었다.

그러던 어느 날 손 목사는 재선을 불러 앉히고 이렇게 권했다.

“넌 취직하는 것보다 장차 목회자의 길을 걷고 싶다 하니 신학을 공부하는 학교에 다니는 게 좋을 것 같다.”

“학교요?”

“그래, 부산 고려고등성경학교다. 내가 편지했더니 학교에서 네 입학을 허락했다.”

그 말을 듣자 재선의 얼굴이 활짝 펴졌다. 여수 순천 근방에는 재선을 모르는 사람이 없었다. 그만 보면 살인자라고 손가락질을 해댔다. 하지만 일단 멀리 부산으로 가면 자기를 알아볼 사람이 없을 듯했다.

"고맙습니다, 아버님. 열심히 공부해 보겠습니다."

안재선은 학교에 가기 위해 부산으로 갔다. 재선 부모가 방을 하나 얻어 주고 학비를 보내 주었다. 그는 학교를 열심히 다니며 공부했다. 그리고 놀랄 만큼 빠르게 영적으로 성장해 갔다. 그가 학교에 다니며 가끔 애양원 아버지 앞으로 보내오는 편지를 읽으며 손 목사는 감동하여 커다란 보람을 느끼곤 했다.

존경하옵는 아버님께

죽어야 다시 살려 주시는 하나님 아버지. 죽어야 했던 제가 다시 중생하고 보니 이제 비로소 주님의 사랑을 알겠습니다. 죽었던 자리에서 다시 중생한 것만도 감사한데 이제는 천당까지 바라보며 믿게 되었으니 얼마나 감격스러운지 믿어지지 않습니다.

고난의 십자가가 제 앞에 닥쳐올 때 남에게 넘기거나 피하지 않고 이 아들 안재선, 아니 손재선이 그 십자가를 지고 예수님 뒤를 따르겠습니다. 앞으로 어떤 압박과 핍박과 환난이 온다 해도 하나님 말씀 낭독하며 연구하며 필기하며 전도에 앞장서는 손양원 목사님의 아들이 되겠노라 다짐해 봅니다.

아버님. 저의 죄 용서해 주시옵소서. 아버님의 사랑이야말로 하나님이 주신 사랑이니 그 사랑으로 사도 바울의 뒷길을 따라가고자 한 걸음 두 걸음 걷고 있습니다. 앞서 간 두 형님의 뒤를 따를 것을 하나님 앞에 맹세하나이다.

1949년 10월 28일

아들 손재선

안재선에서 손재선으로 이름까지 바꾼 그는 손 목사의 양아들로 살기 위해, 자기 때문에 죽은 두 사람 몫까지 다하겠다는 생각으로 열심을 다해 신앙을 키워 나가고 있었던 것이다.

15. 살신성인의 하나님 종

1950년 6월 25일.

어찌 잊으랴, 그해 그날을. 비극이 시작된 한 해였다. 같은 민족끼리 전쟁을 벌인 골육상쟁의 참극이 이 땅을 덮었다.

이른바 남조선을 해방시킨다며 북한군이 삼팔선 전역에서 새벽 미명을 기해 탱크를 앞세우고 일제히 남침을 개시한 것은 6월 25일 새벽 4시였다. 마침 그날은 주일이었다. 새벽기도는 매일 있었다.

손 목사는 바로 그 시간 새벽기도를 드리고 있었다. 기도를 끝내고 아침식사를 위해 교회 식당으로 갔는데 웬일인지 식당 안이 술렁술렁했다.

"몸이 무거우면 집에 있지 왜 새벽에 나왔소?"

만삭의 몸을 하고도 새벽예배에 빠지지 않는 부인에게 손 목사는 걱정스럽게 말했다.

"아직은 괜찮아요. 그보다 큰일이네요."

"뭐가 말이오?"

"삼팔선에서 오늘 새벽 전쟁이 터졌다지 뭐예요? 라디오 뉴스에 나왔대요. 우리 국군하구 인민군하구 삼팔선에서 크게 싸우고 있다구요."

"삼팔선에서 심심하면 총질하고 시끄럽게 한 게 어디 한두 번이오?"

손 목사는 대수롭지 않게 말했다. 남북이 삼팔선으로 분단된 뒤 양측은 가끔 충돌을 벌이고 총격전을 해왔다. 이번에도 그런 경우가 아닐까 싶어 아무렇지 않게 생각했던 것이다. 그러나 6월 26일부터 양상이 심상치 않았다.

라디오 방송은 수도 서울이 위험하지만 국군은 이미 인민군을 되받아쳐 반격하고 있다고 했다. 그러나 그건 서울 시민들을 안심시키기 위한 방송일 뿐이었다. 인민군이 남침 3일 만에 한강다리를 폭파하고 서울을 점령했다는 놀라운 소식이 뒤를 이었다.

"어쩌면 좋아요? 고모하구 동희가 무사히 서울을 빠져나왔어야 하는데? 한강다리를 끊어 버리다니요? 그럼 못 빠져나오잖아요?"

손 목사의 아내는 애가 달았다.

"피난민이 다 한강을 건너갔으니까 다리를 폭파한 게 아닐까요? 별일 없을 겁니다. 기다리면 오겠지요."

박 장로가 위로했다.

"서울 시내에서 피난민이 다 빠져나갔다고 다리를 끊은 게 아니라 북괴군이 밀려드니까 더 이상 밀리지 않으려고 한강다리부터 끊은 겁니다. 아버님, 제가 올라가 동희를 데리고 오겠습니다."

재선이 서울에 간다고 나섰다.

"경솔하게 움직이면 안 된다. 좀더 기다려 보자. 한강을 최후 방어선으로 하고 북괴군을 물리쳐 북으로 쫓아낼 자신이 있다고 정부가 발표했다니까 말야."

더 두고 보자는 것이었다. 서울에는 지금 황덕순과 동희가 있었다. 원래 교회에서 반주를 하던 황덕순은 신학 공부를 해보겠다고 신학교에 입학하여 학업에 열중하고 있었고, 동희는 오빠들의 끔찍했던 죽음의 악몽에서 벗어나기 위해 서울로 전학을 희망했다. 그리하여 동희는 이화여중에 편입하여 고모와 자취 생활을 하고 있었다. 그런데 전쟁이 터진 것이다.

한강에서 인민군을 섬멸하고 물리치겠다는 정부의 약속은 허풍이 되고 말았다. 개전한 지 일주일도 안 되어 북한군의 탱크는 별다른 저항도 받지 않고 대전까지 밀어닥쳤던 것이다.

그때까지도 황덕순과 동희의 소식을 알 수 없어 애가 탔다. 전쟁이 시작된 지 한 달 조금 안 되었는데도 전 국토의 삼분의 이가 적 치하가 되고 인공기가 휘날렸다.

목양실에서 설교 준비를 하고 있는 손 목사에게 여집사 하나가 누가 왔다고 알렸다.

"목사님, 순천에서 나덕환 목사님이 오셨는데요?"

"어디 계시죠? 모시세요."

"성전에서 기도하고 계세요."

잠시 후 목양실로 나 목사가 들어왔다.

"어서 오십시오."

"여긴 천국문 앞처럼 조용하고 평화롭군요."

"무슨 말씀이오?"

"순천은 지금 난리도 아닙니다. 북괴군이 남원 곡성까지 밀고 내려왔답니다. 너도나도 피난을 떠나고 있습니다. 여기도 삼사 일 안에 점령당할 것 같아요."

"……."

"손 목사님도 피난 준비 하십시오. 남해 섬에 괜찮은 피난처를 마련했으니 거기 가서 숨읍시다. 박재봉 목사님 가족도 합류하기로 돼 있습니다."

"건강하지도 않고 성하지도 않은, 나병으로 고생하는 성도들을 버리고 나 하나 목숨 보전하겠다며 피난을 가면 하나님이 가만두시지 않을 것 같습니다."

"무슨 말씀이오? 그런 성도들이야 누가 괴롭히고 화를 입히겠소? 목사님이 문젭니다."

"나 목사님. 나 죽고 사는 건 이미 초월한 사람이란 거 잘 아시잖아요? 일제의 감옥에서 죽었어야 할 몸이 벌써 오 년 동안 살고 있습니다. 하나님께 감사하고 있습니다. 주님의 이름으로 순교한다면 얼마나 영광스럽겠습니까."

"목사님, 한 집안에 두 사람의 순교자가 나왔으면 하나님도 기
뻐하실 것입니다. 목사님까지 순교하길 바라시진 않을 겁니다."

"천주교의 예를 들어서 안됐지만 조정의 탄압을 받고 한 집안
에서 친인척까지 무려 마흔세 명이 계속해서 끌려가 순교한 예
도 있습니다. 우리나라 최초의 신부인 김대건 신부 집안을 얘기
하는 겁니다."

"그 시절하고 지금은 다르지요. 애양원교회가 중요하듯 우리
한국 교회도 중요하지 않습니까? 이 민족의 구원이 목자들의 손
에 달려 있으니 말입니다. 잠시만 피신해 있다가 오십시다."

"일제의 신사참배 강요에 우리 기독교계 지도자들은 똑같은 논
리로 그들에게 비굴한 타협을 했습니다. 신사참배는 종교의식이
아닌 국가의식이니 이해하자, 교회가 폐쇄되면 누가 양 떼를 책임
지겠는가, 교회가 망하면 안 된다, 잠시만 피하고 고개 숙이면 교
회는 지킬 수 있다. 그건 자기 합리화였고 성직을 기피한 논리였
습니다. 양을 먹이던 목자는 양들에게서 도망치거나 양들을 속이
면 안 되지 않습니까?"

"당연하신 말씀입니다만."

"목자나 성도나 꼭 살아 있어야 복음을 전할 수 있는 건 아니잖
습니까? 죽어서 전하는 것이 더 뜻이 크고 깊습니다. 순교자는 말
이 없지만 순교함으로써 신자건 불신자건 수많은 영혼들에게 감
동과 감화를 줄 수 있잖습니까?"

"그건 그렇습니다."

"일부러 날 위해 오신 분에게 누가 되는 말씀만 해서 미안합니다. 기도해 볼게요. 하나님께서 피하라 하시면 그땐 주님 말씀대로 따르겠습니다."

나 목사는 그냥 돌아갈 수밖에 없었다. 그 후 상황이 급박해지자 박재봉 목사도 집사 한 사람을 보내어 간곡하게 피난을 권했다. 하지만 손 목사는 한결같았다.

서울이나 전주 쪽 나환자 수용소에 있던 환자들이 애양원을 찾아 피난을 내려왔다. 그러나 우리 군이 자꾸 밀리는 바람에 그들은 또다시 더 안전한 곳을 찾아 피난을 떠나야 했다. 배를 타고 남해 섬이나 다도해의 작은 섬으로 간다 했다. 애양원 식구들 중에서도 피난을 원하는 사람들은 모두 떠나게 했다.

7월 24일이 되자 순천에 갔던 재선이 돌아와 손 목사에게 피난을 가지 않으면 위험하니 서둘러 떠나자 했다.

"그들은 교회 목사님을 숙청해야 할 반동분자 일 순위라 한답니다. 끌려간 목사님들은 모두 죽임을 당했답니다."

"나만 살겠다고 도망칠 수는 없다. 네가 더 위험하니 여기 있는 어머니 그리고 동생들 데리고 남해 섬에 피난 가 있거라."

손 목사는 재선에게 가족을 부탁했다. 재선은 곧 어머니에게 손 목사의 뜻을 전하고 배편을 마련할 테니 떠나자고 했다. 그러나 정양순 사모는 머리를 흔들었다.

"목사님만 놔두고 우리만 가서 뭐하겠니? 그리고 우리 동희는 지금 살았는지 죽었는지도 모르잖니? 우리가 피난 가고 나서 이곳으로 찾아오면 우릴 어떻게 찾겠니? 안 돼. 죽어도 여기서 죽고 살아도 여기서 살련다."

재선은 이러지도 저러지도 못한 채 어쩔 줄을 몰라 했다. 애양원교회에서는 계속해서 당회가 열리고 피난 문제를 상의했다.

"이렇게 하시는 게 어떻겠습니까? 사모님이나 아이들이야 어찌하겠습니까? 문제는 목사님이십니다. 지금까지 들은 얘기로는 인민군이 점령하면 그 지역 빨갱이들이 일어나 우익 인사들을 체포하여 처형하는 것이 순서라 합니다. 잡혀 가는 인사들 중에는 목사님들이 꼭 끼는 것 같고 즉결 처형을 당하는 듯합니다. 우리 교회 중직들과 남자들은 일단 피난을 갑시다. 고깃배 한 척을 이미 마련해 두었습니다. 배를 타고 남해 섬으로 가십시다."

손 목사는 자기를 빼달라 했지만 중직들이 목사님이 안 가시면 모두 가지 않겠다고 버티며 간곡히 설득했다. 결국 손 목사도 어쩔 수 없이 피난선을 타게 되었다. 7월 25일 밤, 대충 피난 봇짐을 싸고 저녁을 먹은 후 한밤중에 임시 선착장에 배를 대고 모두 승선키로 했다.

밀물이 되어 출렁이는 밤바다는 밤안개로 뿌옇게 앞을 가리고 있었다. 20여 명의 교회 중직들이 보퉁이며 가재도구를 들고 배에 올랐다. 손 목사는 재선의 재촉을 받고서야 사택에서 나왔다. 그의 아내가 따라 나왔다.

"당신도 함께 가야 하는 건데."

“언제 애를 나을지 모르는데 어딜 가요? 목사님이나 몸조심하시고 잘 있다 오세요.”

“오래가진 않을 게요. 곧 오리다. 당신과 아이들을 위해 기도 많이 하겠소.”

“어서 가보세요. 모두 기다리겠어요.”

보퉁이를 짊어진 재선이 뒤따르고 손 목사는 앞서서 배 있는 곳으로 향했다.

“목사님, 어서 오르세요.”

그들은 좋은 자리를 마련하고 손 목사의 손을 잡아 태웠다.

“자, 다 타셨으니 출발하십시다.”

배가 두둥실 하고 떴다. 자리에 앉자마자 기도를 하고 있던 손 목사가 무슨 생각이 들었는지 일어났다.

“목사님, 왜 그러세요?”

“중요한 걸 빠뜨리고 왔소. 먼저들 가시오. 나중에 갈 테니.”

“목사님!”

사람들이 다급하게 일제히 불렀다. 손 목사는 배에서 뛰어내려 등을 돌렸다.

“아버님!”

재선의 외침 소리가 들려왔다. 손 목사가 돌아서서 손을 흔들었다.

“돌아오지 말고 그냥 가시오. 부탁이오. 난 교회를 지키겠소.”

“목사님!”

"하나님이 보우해 주실 겁니다. 잘 있다 오세요."

손 목사는 멀어지는 배가 어둠 속으로 사라지자 교회로 올라갔다. 처음부터 손 목사는 피난을 갈 생각이 없었다. 안 가면 모두 안 가겠다 하니 가는 것처럼 했을 뿐이다. 피난을 안 떠나면 안 되는 사람들도 있다. 재선이 같은 사람이다. 좌익 학생이었다가 전향하여 목사 양아들이 되었으니 잡히면 끝장이었다.

전세는 급박해져서 7월 25일이 되자 순천을 빼앗기고 26일에는 여수가 함락되었다. 적의 치하가 되자 지하에 숨어 있던 좌익들이 들고 일어나 인민위원회니 민주청년동맹이니 여성동맹이니 하며 각종 기관을 만들고 주민들을 예속시켰다.

당 인민위원회는 정치보위부가 있어 공산당 간부들을 감시하고, 경찰서는 내무서라 하여 반동 우익 세력을 색출하여 체포하기 시작했다. 그런 일들이 조직적으로 이루어지고 있었지만 애양원 병원과 교회가 있는 신풍리는 순천과 여수 중간의 한적한 바닷가라 의외로 조용했다.

태풍 전야라 할까. 환자들이나 신자들은 불안해했으나 손 목사는 그들을 데리고 예배하며 기도로 마음을 안정시켰다. 그때 병원에서 간호사가 교회 목양실로 뛰어왔다.

"왜 그러세요?"

"목사님, 가보셔야겠어요. 김치보란 환자가 자살하겠다고 칼을 들고 난리예요."

"그래요? 가봅시다."

손 목사는 간호사를 따라 병원으로 내려갔다. 병원에 근무하던 의사들은 이미 피난을 떠나서 간호사 두 명만 남아 있었다. 병원에는 모두 열일곱 개의 입원실이 있었다. 병세의 경중을 따라 방을 분리 수용하고 있었다.

1호실에서 10호실까지는 거의 완치되어 가는 환자들이 있었고, 11호실에서 13호실까지는 비교적 가벼운 증상의 환자들이, 14호실은 중증 환자들이 있었다. 그리고 여자 환자들의 병동은 병원에서 교회 쪽으로 떨어진 숲 속에 있었다.

김치보란 환자는 이제 쉰두 살인데 애양원에 들어온 지 3년째였다. 그는 평소 의사에 대한 불신이 아주 컸다. 그건 자기와 비슷한 증세이던 다른 환자들은 회복세가 좋아서 1~10호실로 옮겨 갔는데 자기는 왜 못 들어가느냐, 이유가 뭐냐는 원망이었다.

의사들은 면밀히 검사를 해도 이유를 밝히지 못하겠다고 했다. 그는 얼굴이나 몸에 진물이 흐르고 피부가 썩어 피고름이 나오는 단계는 벗어나 온몸이 깨끗한 편이었다. 다만 진물과 고름이 나는 곳은 머리, 그중에서도 쥐구멍이라 알려진 머리통 복판인 개천문이었다.

그곳만 막아지면 진물과 고름은 더 이상 나오지 않고 멀쩡해질 텐데 약을 바르고 치료를 하면 막아진 듯하다가 또 터졌다. 의사들은 원인을 알 수 없다며 환자가 당뇨를 앓아 그런 게 아닌가 싶다고, 당뇨부터 잡으면 나을 거라 했다. 그런데도 그게 잘 안 되었다.

손 목사가 11호실에 들어가니 소란을 피우던 김치보는 이미 손에 들고 있던 칼을 주변 환자들에게 빼앗기고 바닥에 주저앉아 짐승처럼 꺼이꺼이 울고 있었다.

"목사님이다. 목사님이 오셨다."

그 소리에 방에 있던 20여 명의 환자들이 입구 쪽을 바라보았다. 여전히 손 목사는 하얀 가운도 입지 않고 마스크도 하지 않은 데다가 장갑은 물론 장화도 신지 않은 채로 들어오고 있었다.

"왜 그러죠?"

그러자 소리 내어 울고 있던 김치보가 다가와 손 목사 앞에 무릎을 꿇었다.

"목사님, 세상에 이럴 수가 있습니까? 하나님께 기도했지만 안 돼요. 나 좀 도와주십시오."

김치보는 울음을 그치고 자기 병세에 대해 털어놓고는 도대체 문제의 쥐구멍이 아물지 않아 터지고 또 터지니 어떡하면 좋으냐고 하소연했다.

"의사들은 아마 당뇨 때문에 아물지 않는 것 같다 하지만 원인을 알 수 없습니다. 앗! 목사님! 이, 이러시면 안 됩니다."

다급하게 몸을 뒤로 뺐다. 손 목사가 갑자기 한 손으로 그의 어깨를 잡고 다른 한 손으로는 그의 머리를 감싼 채 환부를 눌렀던 것이다. 방 안의 환자들도 모두 놀라 입을 벌린 채 다물지 못하고 멍하니 손 목사의 움직임을 응시했다.

"안수할 테니 기도를 받으세요."

"아아, 목사님."

손 목사는 제발 낫게 해달라고, 마지막 작은 상처 구멍이 낫지 않으니 즉시 아물어 진물이나 고름은 두 번 다시 비치지 않게 해달라고 간절히 빌었다.

"나사렛 예수님의 이름으로 명하노니 아물어 막히게 하소서! 막히게 하소서! 예수님의 이름으로 기도드립니다. 아멘."

모든 환자들이 감격하여 함께 아멘을 외치며 울먹였다. 어느 누구도 손 목사처럼 환자가 있는 방에 들어와 피고름이 흐르는 몸을 만지며 안수해 준 사람이 없었다. 그래서 감동하여 울먹이고 있었던 것이다.

"성경을 가져오시오."

옆 사람에게 말하자 방 안 탁자 위에 있던 자기들의 성경책을 가져왔다.

"구약 에스겔 삼십칠 장 일 절로 칠 절까지 봉독하시오."

그러자 그는 성경을 펴 들고 지정한 구절을 더듬거리며 소리 내어 읽었다.

여호와께서 권능으로 내게 임재하시고 그 영으로 나를 데리고 가서 골짜기 가운데 두셨는데 거기 뼈가 가득하더라. 나를 그 뼈 사방으로 지나가게 하시기로 본즉 그 골짜기 지면에 뼈가 심히 많고 아주 말랐더라. 그가 내게 이르시되 "인자야, 이 뼈들이 능히 살 수 있겠느냐" 하시기로 내가 대답하되 "주 여호와여, 주께서 아시나이다." 또 내게 이르시되 "너는 이 모든 뼈에게 대언하여 이르기를 '너희 마른 뼈들아, 여호와의 말씀을 들을지어다. 주 여호와께서 이 뼈들에게 이같이 말씀하시기를 내가 생기를 너희에게 들어가게 하리니 너희가 살아나리라. 너희 위에 힘줄을 두고 살을 입히고 가죽으로 덮고 너희 속에 생기를 넣으리니 너희가 살아나리라. 또 내가 여호와인 줄 너희가 알리라' 하셨다 하라." 이에 내가 명령을 따라 대언하니 대언할 때에 소리가 나고 움직이며 이 뼈, 저 뼈가 들어맞아 뼈들이 서로 연결되더라.

봉독이 끝나자 손 목사는 다시 김치보를 꿇어앉게 하고 머리통을 잡은 채 기도했다.

"나환자의 피부병에는 사람의 침이 가장 효과가 좋다는 걸 들었나이다. 하나님, 죽음의 골짜기에 버려진 시체들의 신경과 핏줄이 살아나고 피부가 살아나듯 김치보 성도의 피부도 건강한 피부로 재생할 수 있게 도와주시옵소서!"

기도를 마친 손 목사는 피고름이 흐르는 김치보의 머리를 잡고 그 환부에 입을 대어 거침없이 빨아내기 시작했다.

"오, 주여! 주여! 목사님! 오오……."

병실 안의 환자들이 놀라서 펄쩍 뛰며 비명을 질렀다.

"왜 이러세요? 목사님! 병 옮아요!"

하지만 손 목사는 들은 척도 않고 피고름을 입으로 빨아냈다. 그걸 수건에 뱉어 내는데 입 주위가 온통 피고름 범벅이었다.

김치보가 온몸을 떨면서 감격하여 울자 병실 안은 울음소리로 가득 찼다. 울음소리에 놀란 간호사가 그 광경을 보고는 비명을 삼켰다. 그녀는 겨우 정신을 가누고 간호사실로 달려가 물 주전자와 강력한 소독약을 들고 왔다.

"목사님! 입을 헹구세요. 헹구시라구요."

"다 끝나면 할게."

손 목사는 환부에서 맑은 피가 나올 때까지 빠는 걸 멈추지 않았다. 손 목사의 온몸은 소나기를 맞은 듯 땀으로 목욕을 했다.

"목사님, 됐어요. 응급지혈을 할 테니 목사님은 빨리 입을 헹구시고 밖으로 나가세요."

간호사가 밀어냈다. 손 목사는 주전자 물로 입가심을 여러 번 하고 비틀거리며 방을 나갔다. 환부를 빠는 일은 보통 힘든 일이 아니었다. 복도 끝에 있는 의자에 쓰러질듯 앉으며 긴 숨을 몰아쉬었다.

얼굴도, 입고 있던 옷도 피고름과 오물투성이였다. 응급치료를 끝낸 간호사가 뛰어나왔다.

"목사님! 목욕실로 가세요. 옷도 다 벗으시고 깨끗이 몸을 씻으세요. 그런 다음 여러 번 소독을 받으셔야 해요."

"숨 좀 돌리고 갈게요."

"목사님, 도대체 왜 그렇게 무모한 일을 하세요? 병이 옮으면 어쩌시려구 그런 위험한 일을 하세요? 전염성이 강한 병이란 거 아시잖아요?"

"알고 있지요. 하지만 하나님께서 그 환부에 입을 대고 빨아야 병이 완치된다고 날 시키시는데야 거역할 수 없지 않소?"

"왜 번번이 그런 일을 하시는 거예요? 두렵지 않으세요?"

"두렵지 않아요. 김 간호사님, 지난번에도 전염되었을지 모르니 피검사 받아 보라구 해서 받아 보았잖아요? 결과는 깨끗하다고 나왔잖소?"

"목사님, 너무 과신하지 마세요."

"나는 하나님을 믿는 것뿐이오. 다미안 신부는 결국 나병을 얻고 나환자들의 진정한 친구가 되어 평생 봉사하다 죽었어요. 나도 그렇게 된다 해도 후회하진 않을 겁니다."

마지막 남은 감자를 캐고 있던 정양순 사모는 손 목사가 병실에 들어가 안수했다는 말을 듣고도 별로 놀라지 않았다.

"전에도 그분들이 원하면 들어가서 안수를 해주곤 했잖아요?"

"사모님은 걱정도 안 되세요?"

이해가 안 간다는 표정으로 확실이네가 걱정했다.

"난 혼인할 때부터 그분을 아예 하나님께 맡겼답니다. 죽이시는 분도 하나님이요 살리시는 분도 하나님이시요 병을 얻게 하시는 분도 하나님이요 무병하게 하시는 분도 하나님이시니 난 걱정하지 않아요."

사택으로 돌아온 손 목사는 지친 모습이었다. 정양순 사모는 마지막 남은 설탕 두 순가락으로 설탕물을 타서 앉은뱅이책상 앞에 허리를 굽히고 앉아 있던 손 목사 앞에 놓았다.

“설탕물이에요. 지치신 것 같은데 어서 드세요.”

“아직도 설탕이 남아 있었소?”

“아껴 둔 거예요.”

“역시 당신은 화수분이야. 퍼내고 퍼내도 마르지 않고 뭐든 도깨비 방망이처럼 뚝딱하면 나오거든?”

“나아 참, 지금 농담이 나오세요?”

오랜만에 부부가 함께 웃었다.

“쇠약해지고 피곤해질 때 병마가 엿본대요. 좀 조심하세요.”

“알았소. 그보다 당신이나 조심하시오. 그 무거운 몸을 끌고 왜 밭일까지 나가요?”

“움직여야 건강한 아이를 낳는 거예요.”

“여보!”

손 목사는 애정 어린 목소리로 부인을 부르고는 침묵했다.

“불렀으면 말씀을 해야지 가만있는 건 또 뭐예요?”

“아니오……”

그러더니 슬그머니 부인의 손을 잡았다.

“당신만 보면 미안하오. 나한테 시집온 건 고맙지만 그래서 미안해요. 지금껏 고생만 시켰잖소? 신학교 다닌다, 외지에 나가 전도사 한다, 나 혼자만 생각하고 돌아다녔는데 당신은 집안에서 농사일 하고 홀로 되신 아버지 지성껏 봉양하고 다섯 명이나 되는 자식들 다 건강하게 키워 냈으니 얼마나 장하오?”

“오늘 갑자기 왜 그러세요?”

"아냐, 모처럼 호젓하게 단둘이 되고 보니 고맙다는 생각이 드는구려. 가슴 아픈 적도 많았어요. 일제 말 부산에서 식구들 먹여 살리려고 바다에 나가 해초 뜯어 말려 행상을 다녔다면서?"

"그 얘긴 왜 꺼내요?"

"게다가 목숨보다 소중한 두 아들을 가슴에 묻고도 소리치며 울지도 못했지……."

"울리시려구 작정했어요? 난 거룩한 순교자 아들 둘을 낳은 장한 어머니예요. 아셨어요?"

그렇게 말하면서도 흐르는 눈물을 주체치 못했다. 손 목사는 수건으로 부인의 눈물을 닦아 주고 자기 눈가도 닦았다.

"여보, 양순 씨! 당신이 제일 예뻐 보였을 때가 언젠지 아오?"

"내가 그걸 어떻게 알아요?"

"옥열리 당신 집에 가서 선보고 나와 집으로 가느라 밭길 지나서 동구 앞길로 걸어오는데 누군가 뒤에 오고 있는 것 같았소. 이상하게도 가슴이 쩌릿하는 거야. 따라오는 사람이 전혀 모르는 사람일 수도 있는데 가슴이 뛰는 것이었소. 그래서 고개를 돌렸지. 검정 치마에 흰 저고리를 입은 당신이 고개를 숙이고 따라오고 있었소. 그 순간 알 수 없는 설렘이 일어나 감동했소."

"착각은 자기 맘이래요. 난 교회에 가는 길이었지 당신을 따라나선 게 아니었단 말예요."

"그랬나? 하지만 어쨌든 이뻤소. 허허허."

부부는 행복하게 웃었다.

16. 하나님이 택하신 사랑과 용서의 성자

그러나 그 행복한 웃음은 얼마 가지 못했다. 애양원에도 검은 그림자가 시시각각 다가오고 있었다. 평온하던 신풍리에도 공산당 하부조직이 들어섰던 것이다.

"모든 교회는 자진해서 문을 닫고 피난을 갔는데 우리 교회만 예배를 계속하고 있으니 걱정이 됩니다. 목사님, 교회 정문에 형식적으로라도 인공기를 내거는 게 어떨까요?"

제직회의가 열리자 그런 의견을 내는 집사도 있었다.

"교회는 교회입니다. 일장기도 떼냈는데 인공기를 걸다니요? 동요하지 마시고 굳건히 교회를 지킵시다. 그리고 내일부터 일주일간 특별 부흥회를 열기로 하겠습니다."

"부흥회를요?"

"언제나처럼 하루 세 번 교회 종을 치세요. 뜨겁게 부흥회를 엽

시다."

특별 부흥회가 시작되었다. 피난 떠난 사람도 있었지만 남아 있는 신도가 훨씬 많았다. 어느 날 남자 세 명이 애양원을 찾아왔다.

"어디서 오셨습니까?"

간호사가 물었다.

"아무것도 아니외다. 무슨 병원인지 알고 싶어 왔습네다."

레닌 모자를 쓴 중년 남자가 말했다.

"병원 좀 안내해 줄 수 있갔시오?"

"그러시죠."

병동으로 가서 병실 문을 하나씩 열어 주었다. 병실 안에 있는 환자들을 보고 난 그들은 겁먹은 얼굴이 되더니 악취를 견디지 못해 코를 싸쥐었다.

"문둥병자들이오?"

"네."

"몇 명이나 있지요?"

"원래는 천여 명 됩니다만 지금은 이백여 명 됩니다."

"으음, 저 밑에서 올라오다 보니께니 병원 동산 위에 예배당 탑이 보이던데?"

"산 위쪽에 교회가 있습니다"

"그래요? 문둥병자 예배당입네까?"

"그렇습니다."

그러자 그들은 가볼 엄두가 안 나는지 그냥 돌아갔다. 9월 12일 밤 부흥회 예배 설교 제목은 '죽도록 충성하라'였는데 그 설교는 손양원 목사가 이승에서 전한 마지막 설교가 되었다. 그 이튿날 13일 체포되어 다시는 돌아오지 못했기 때문이다.

마지막 설교 본문은 요한계시록 2장 10절이었다.

너는 장차 받을 고난을 두려워하지 말라. 볼지어다. 마귀가 장차 너희 가운데에서 몇 사람을 옥에 던져 시험을 받게 하리니 너희가 십 일 동안 환난을 받으리라. 네가 죽도록 충성하라. 그리하면 내가 생명의 관을 네게 주리라.

"우리 기독교의 믿음은 하나님에 대한 충성으로 시작하여 충성으로 끝나는 신앙이라 생각하면 됩니다. 우리가 예수 믿고 구원받아 생명의 영생과 그 면류관을 얻는다는 건 그렇게 쉽고 간단하지 않습니다. 생명의 관을 받으려면 십 일 동안의 환난을 이겨내야 한다 했습니다. 십 일간이란 로마의 황제 압제자 열 사람의 치세 기간을 비유로 말씀하신 것입니다.

충성은 지(知)·신(信)·행(行) 세 가지가 하나로 합쳐진 믿음의 생활입니다. 지는 하나님을 아는 것입니다. 알면 믿게 됩니다. 이것이 신입니다. 의심하면 믿기지 않습니다. 온전히 믿어야 합니다. 이것이 충성입니다.

하나님은 믿음의 조상 아브라함에게 백 살에 낳은 외아들 이

삭을 데리고 모리아산에 올라가 번제물로 바치라 했습니다. 칼로 목을 치고 각을 떠서 불에 태워 드리는 제사가 번제입니다. 그런 데도 아브라함은 하나님의 명령에 순종했습니다. 이것이 충성입니다.

아브라함은 하나님에게서 생명의 관뿐 아니라 상급으로 모든 복을 받았습니다. 이렇게 알고 믿었으면 행해야 한다는 것입니다. 행함이 없는 믿음은 죽은 믿음에 불과합니다. 믿음을 행할 때 우리는 언제나 극심한 반대와 핍박에 부딪치고 환난의 시험을 당합니다.

시험을 물리쳐야 합니다. 육체와 정신을 괴롭히고 고문하여 견딜 수 없게 하고 생명까지도 내놓으라 위협하기도 합니다. 이 고난을 이겨야 합니다. 만 오 년 동안 차가운 일제의 감옥에서 나는 그 고난을 영광의 승리로 이겨 냈습니다.

하나님께 죽도록 충성하면 이길 수 있는 그 힘이 솟아납니다. 세상이 불안하고 어지러워질수록, 불의가 판치는 세상이 올수록 우리는 타협하지 말고 더더욱 하나님께 충성하여 정의의 힘을 얻고 싸워 나가야 합니다. 순교를 각오해야 합니다.”

이 같은 내용의 설교로 손 목사는 사자후를 토했다. 어쩌면 시시각각 다가오는 위기를 느끼며 순교를 각오하고 한 설교 같았다.

9월 13일. 점심때쯤 앞서 애양원 병원을 다녀갔던, 레닌 모자를 쓴 중년 사내가 총 든 내무서원 네 명을 데리고 숲길로 해서 교회 정문 앞으로 올라오고 있었다. 그러자 교회에서 키우던 진돗개가 가로막으며 낯설다는 듯 으르렁대며 짖었다.

개를 본 레닌 모자가 턱짓을 했다. 그것이 신호이기라도 한 듯, 서원 하나가 장총을 들어 겨냥하고 갈겨 버렸다. 옆구리에 피를 쏟으며 개가 펄쩍 뛰더니 나뒹굴었다. 그걸 본 수위가 교회 안으로 사태를 알리기 위해 뛰어갔다.

"탕!"

망설이거나 주저함이 없었다. 그대로 등 뒤에 총을 쏘았다. 만세 부르는 것처럼 두 팔을 쳐들고 비틀거리더니 그 수위 역시 개처럼 맨땅에 꺼꾸러졌다. 순식간에 그들은 교회 안으로 몰려 들어갔다.

"반동 목사 손양원은 어디 있나? 빨리 나오라!"

교회 안팎은 얼음장처럼 굳어 버렸다. 살인자들이 나타났기 때문이다. 교회 뒤편에 있던 박 장로가 여집사를 시켜 사태를 알리게 했다. 그때 손 목사는 강대상 위에 엎드려서 기도를 올리고 있었다.

성전 안으로 들어온 살인자들은 샅샅이 둘러보다가 엎드린 손 목사를 발견하고 구두를 신은 채 강대상에 뛰어올라 구두 끝으로 손 목사의 허리를 찼다.

"당신이 손 목사 맞나?"

"……."

"일어나라!"

손 목사는 기도를 마치고 일어났다. 이미 각오하고 있었던 듯 조용한 말로 건넸다.

"당신들이 찾는 손양원 목사가 바로 나요. 이곳은 성스러운 성전의 강대상입니다. 할 이야기가 있으면 성전 밖으로 나갑시다."

밖으로 나오자 인솔자가 말했다.

"내무서까지 잠깐 갑세다. 조사할 게 있으니깐드루."

"알겠소. 옷을 갈아입고 가게 해주시오. 집이 근처에 있습니다."

"도망치거나 딴생각을 하면 끝이라는 걸 아시오. 속히 나오시오."

손 목사는 방 안으로 들어왔다. 만삭의 부인이 와들와들 떨고 있었다.

"여보, 너무 염려 말아요. 잠깐이면 된다니 바로 돌아올게요."

"몸조심하세요."

"기도합시다."

손 목사는 부인과 함께 잠시 기도를 드리고 손목시계를 비롯한 귀중한 소지품을 책상 위에 다 꺼내 놓고 양복을 입은 다음 마루에 기대어 놓았던 지팡이를 짚으며 밖으로 나갔다. 요즘 손 목사는 좌골신경통을 앓고 있어 걸음걸이가 자유롭지 못했다. 오랜 감옥 생활에서 얻은 병이었다.

"동무들! 더 이상 따라오지 말라. 계속 따라오면 가만두지 않을 게다! 개새끼 돼지는 거 봤지?"

환자들 수십 명이 손 목사 뒤를 그림자처럼 말없이 따르자 인솔자가 신경질을 냈다. 눈두덩이가 푹 꺼진 흉한 얼굴. 코가 무너져서 움푹 패인 얼굴. 눈썹이 없고 귀가 비뚤어지게 붙은 괴상스런 얼굴. 두 손이 오그라지고 다리마저 오그라져 뒤뚱거리며 겨우 걷고 있는 환자들. 그들은 눈물을 흘리며 멀어져 가는 손 목사의 뒷모습을 마냥 지켜보고 있었다.

손양원 목사가 끌려간 곳은 여수내무서 율촌 분주소였다. 그곳에서는 대체로 신원조사만 하고 유치장에 넣어 하룻밤을 재웠다. 손 목사는 이튿날 아침 여수내무서로 끌려갔다. 여수내무서에는 일곱 개나 되는 교화장(유치장)이 있었는데 방마다 우익 반동으로 몰려 잡혀 온 사람들로 만원이었다.

20명 정도 수용하면 알맞을 방에 40~50명씩이나 집어넣어 복작거리고 있었다. 손 목사를 데리고 온 내무서원은 제3방 교화장 문을 열고 밀어붙이고는 문을 닫았다. 여기저기서 비명을 질렀다. 복작이던 사람들 위에 던져진 꼴이라 손 목사와 부딪쳐 쓰러지며 비명을 질렀던 것이다.

"조심해! 다친 팔이 더 다쳤잖아?"

"아이고 죄송합니다."

겨우 자리를 차지한 손 목사가 사과했다. 그때였다. 뒤에서 누군가가 부르는 게 아닌가.

"목사님, 목사님!"

돌아다본 손 목사는 깜짝 놀랐다.

"아니, 너 창수 아니냐? 응?"

"어쩌다 잡혀 오셨어요?"

그는 손 목사를 부축하고 조금 더 편안한 자리를 마련해 주었다. 김창수는 율촌교회 김 장로의 아들이며 손 목사의 순교한 둘째아들 손동신과 친한 친구였다.

"자네 아버지는?"

"피난 가셨어요. 전 산속에서 지내다가 양식이 떨어져 집에 몰래 왔다 잡혀 온 겁니다."

김창수는 손 목사를 친구 아버지 이상으로 감시원 모르게 돌봐 주었다. 이곳에 잡혀 온 사람들은 지주계급이라거나 악질 자본가, 아니면 정치인, 관리 혹은 회사 사장, 우익 쪽의 교수, 교사, 예술인, 기독교인이 대부분이었다.

그들은 하나하나 불려 나가 조사라는 이름으로 혹독한 심문을 받았다. 이곳에 들어온 지 이틀 만에 손 목사도 심문을 받았다.

"당신이 손양원 목삽니까?"

나이 지긋해 보이는 조사관이 점잖게 물었다.

"그렇습니다."

"애국적인 목사시군요. 일본 제국주의에 맞서 오 년 동안이나 옥살이를 사셨으니 말이죠? 이젠 공화국 세상이 되었습니다. 이제부터는 공화국 인민을 위해 일해 주시오."

그러더니 누런 마분지 10여 장을 서랍에서 꺼내 밀었다.

"이게 뭐지요?"

"자기 고백서를 작성해 주시오. 자아비판서라 할까? 자체하게 쓰시오. 두 시간 여유를 주겠소.”

그는 나가 버렸다. 손 목사는 백지를 앞에 놓고 잠시 난감하게 앉아 있었다. 뭐에 대한 자기비판인지 알 수 없었던 것이다. 잠시 후 손 목사는 신앙인으로서, 다음은 양들을 양육하는 목자로서 하나님 앞에 회개해야 할 것들을 떠올리고 고백서를 썼다.

두 시간 후 조사관이 담배를 피우며 다시 들어왔다.

“다 쓰셨소?”

“예.”

“어디 봅시다.”

고백서를 읽어 가는 그의 표정이 붉으락푸르락 했다. 그는 벌떡 자리에서 일어나더니 고백서를 찢어 손 목사의 얼굴에 던졌다.

“왜놈과 맞서 감옥에서 고생했다 해서 봐주었더니 안 되겠구면? 목사로서 선량한 인민들을 어떻게 세뇌교육시켜 망쳐 났는지 그 잘못을 반성하는 반성문을 쓰라 했는데 당신은 말끝마다 ‘주님, 잘못했어요’야? 자아비판이 뭔지 모르는 것 같은데 내가 알려 주지.”

그러더니 그는 책상 밑에서 각목을 꺼내었다. 직접 각목을 휘두르며 의자에 앉아 있던 손 목사를 갈기기 시작했다.

“아악!”

손 목사는 의자에서 옆으로 떨어지며 뒹굴었다. 하지만 그는 사정없이 온몸을 갈겼다.

“이 ‘새끼야, 비판을 하지 못하고 정신을 차리지 못하면 때려서라도 교육을 시켜야 해. 알겠나? 고백서, 다시 쓴다. 알았지? 고백서는 아주 중요한 거다. 당신이 당신의 과오와 잘못을 깨닫는 기회가 되기 때문이야. 과오를 깨달으면? 결론은 두 가지로 난다. 첫째, 새사람이 된다. 혁명 과업을 수행하는 김일성 장군과 인민들을 위해 봉사하는 역군이 된다. 그렇게 못 하겠다면? 둘째, 죽어야 한다! 그런 쓰레기 같은 자는 없어져야 한다. 그 두 가지 결론 중에 하나를 선택하면 된다. 그래서 고백서가 중요한 거다. 진정으로 무엇무엇에 대한 과오를 반성하는지 일일이 써야 한다. 내가 만족할 때까지. 시간은 며칠이 걸려도 좋다. 알겠나?"

그렇게 외치더니 밖에 대고 끌어내라 했다. 내무서원 하나가 들어와 쓰러져 신음하는 손 목사를 일으켜 감방으로 데려갔다.

"어쩌다 이렇게 되셨어요?"

시체처럼 널브러지는 손 목사를 부축하며 김창수가 소곤거렸다.

"주여! 용서……하여……주옵소서."

손 목사는 신음 소리처럼 겨우 뇌었다. 다음에는 자기들 차례이며 남의 일 같지 않아서였던지 방 안에 있던 모든 사람들은 공포에 질려 말을 못 하고 있었다. 아닌 게 아니라 불려나가 심문을 받고 돌아오는 사람은 거의 초죽음이 되어 들어왔다.

그때마다 손 목사는 피투성이가 된 그들을 끌어안고 기도해 주었다. 위로의 기도에 모든 사람들은 눈물을 지었다. 불신자들도 소곤거리는 손 목사의 기도 소리를 듣고는 신자들처럼 방 밖에는 들리지 않게 작은 소리로 아멘 했다.

손 목사가 교화장 방 안에서 전도하고 있다는 낌새를 챈 간부들은, 어느 날 손 목사를 불러내어 정신을 잃을 만큼 구타했다. 두 번 다시 옆 사람을 잡고 기도를 하거나 목사 티를 내면 즉시 총살해 버릴 거라고 위협하고는 돌려보냈다.

방으로 돌아온 그는 피투성이였다. 전에 맞은 데가 아직 아물지 않았는데 또 맞아 그야말로 눈뜨고 볼 수 없을 정도였다.

"예수님을 믿으면 죄 사함을 받고 누구나 천당에 갑니다. 살아서 이 고난 받지만 죽으면 영생하는 천국에 가서 영원히 잘 삽니다. 우리를 핍박하는 자들을 용서할 수는 있지만 저들이 자기 죄를 회개치 아니하면 저들은 유황불이 타는 지옥으로 가는 것입니다. 예수님 믿고 천당 갑시다. 기회 있을 때마다 기도로 비십시오. 하나님은 들어주십니다."

다시 끌려 나갈 것을 각오하고 손 목사가 피를 토하듯 한 말이었다. 그래서였을까. 전도의 위력이 나타나기 시작했다. 내무서에서는 죄수들의 교화를 위해 새벽 6시부터 한 시간 반 동안 정좌한 채 묵상하며 자기 죄를 뉘우치는 반성 시간을 주고 있었다.

방 안 식구들은 반성의 시간만 되면 모두 눈을 감고 앉아 묵상하며 입술을 달싹거렸다. 소리는 나지 않지만 그들은 한결같이 하나님께 목숨을 구해 주고 천당 가게 해달라며 기도하고 있었다.

그렇게 여수내무서 교화장에 갇힌 지 15일이 지나갔다. 고백서를 제출하라 해서 써내는데도 만족할 수 없다며 다시 쓰라 협박했다. 가을도 깊어지기 시작하여 아침저녁으로 기온이 차가웠고 계절은 무상하여 추석 한가위가 되었던 것이다.

9월 28일. 이날은 적 치하에 있던 수도 서울이 국군에 의해 탈환된 날이기도 했다. 북한군은 6월 25일 삼팔선 전역에서 전쟁을 일으켜 남침을 개시한 이후 낙동강 이남만 남기고 전국을 점령했다. 인공 치하가 된 것이다.

낙동강을 사이에 두고 밀고밀리는 피 말리는 전투를 계속하고 있는 사이, 미 극동군 사령관 더글라스 맥아더 장군은 함대를 이끌고 함포 사격을 하여 인천에 상륙하는 데 성공했다. 성공하자마자 유엔군과 한국군 해병대는 수도 서울로 진격하여 바로 9월 28일 서울을 탈환하고 중앙청 위에 태극기를 올렸다. 적에게 수도를 내준 지 꼭 3개월 만이었다.

유엔군의 인천 상륙은 엄청난 군사적 의미가 있었다. 한반도 허리를 잘라 버린 것이다. 북한군은 이로써 북으로의 퇴로가 차단되고 군수물자 수송까지 차단당하게 되었다. 이 때문에 결국 전라남북도와 충남 일대의 인민군 일부와 부역자들, 빨갱이들은 갈 데가 없어 지리산으로 들어갔다.

이 같은 전황을 인민군 상층부나 공산당 간부들은 이미 알고 있었지만 일반 시민들은 전혀 알지 못하고 있었다. 여느 날처럼 소금국과 주먹밥으로 아침 식사를 마쳤는데 이날따라 이상하게 감방 복도가 어수선하고 시끄러웠다.

감방 문이 벌컥 열리더니 지금까지 사복 차림이던 내무서원 간수들이 누런 제복으로 갈아입고 따발총을 든 채 외쳤다.

"오늘 중 갇혀 있는 모든 동무들을 석방하라는 상급 기관의 명령이 하달되었다. 차분하게 기다리기 바란다."

"와아!"

기쁨의 환호성이 일었다. 얼마나 고대하고 있던 소식인가.

"소란을 피우거나 흥분하여 질서를 지키지 아니하는 자가 있으면 그자는 물론 감방 전원에게 책임을 물어 석방을 취소할 것이다. 알았으면 조용히 하라."

방문을 닫고 사라졌다. 방 안 사람들은 언제라도 문이 열리면 맨 먼저 나가겠다는 듯 준비를 하느라 소리 없이 부산했다. 이제나 저제나 점심때가 지나 저녁때가 되어도 석방 소식이 없었다.

"목사님, 거짓말한 게 아닐까요?"

김창수가 은근히 걱정이 된다는 듯 손 목사에게 물었다.

"글쎄. 내 경험으로 감방에서는 간수가 기쁜 소식을 전할 때면 언제나 좋지 않은 일이 벌어지곤 했지. 너무 기대하지도, 너무 불안해하지도 말아."

손 목사가 위로해 주었다. 이윽고 저녁 배식 시간이 되었다. 좀 떨어진 쪽에서 철거덕 하며 감방 문 열리는 소리가 들려왔다. 그러더니 차례대로 방문이 열렸다.

"복도로 나와 일렬로 서라! 빨리빨리 움직여라."

제복을 입은 간수 다섯 명이 총부리를 흔들며 큰 소리로 외쳤다. 제3방 감방 안에 있던 죄수 32명도 일렬로 늘어섰다. 방마다 죄수들이 불려나와 일렬로 늘어섰다. 간수들은 그들에게 앞에서부터 두 손을 앞으로 포개어 잡으라 한 다음 포승으로 손목을 모아 묶었다.

다 묶이자 줄을 허리로 돌려 뒷사람과 연결시켰다. 32명 전원은 굴비두름처럼 한 줄로 엮이게 되었다. 김창수는 손 목사와 앞뒤로 묶이려고 바로 앞에 섰으나 뜻대로 되지 않았다. 그는 두 사람 건너 앞에 묶이게 된 것이다.

복도 창문 밖은 내무서 마당이었는데 그쪽이 소란스럽더니 40~50명 죄수들이 석방되어 뛰듯이 나가고 있었다.

그들은 묶이지도 않았고 자유로웠다.

"저게 뭐야? 저 사람들은 당장 석방했나 본데?"

"일, 이방 친구들이야. 사상범이 아니라 잡범들이지. 잡범들을 먼저 내보내는 모양일세."

"누가 떠드나? 조용히 못 하간? 죽고 싶어? 자, 선두, 출발하라. 강당으로 간다."

한 줄로 엮인 죄수들은 내무서 강당으로 들어갔다. 강당에는 각 방에서 나온 죄수 150여 명이 모여 있었다. 일본도를 늘여 차고 장총을 든 내무서 부서장이 단상에 올라 연설했다.

"당신들을 순천으로 이동시켜 근처 모든 죄수들과 모이게 하라는 당의 명령이 하달되었다. 한꺼번에 석방시켜 주라신 김일성 수령님 지시니 그 은혜에 감사해야 할 것이다. 비록 밤중이라도 달빛이 있으니 미제 폭격기의 목표물이 될 수 있다. 폭격 대상이 되지 않으려면 먼저 열 명씩 한 조를 만들어 출발해야 하며 큰길보다는 산길을 택하여 순천까지 행군해야 한다. 출발하라."

이들이 한밤중 여수 시내를 빠져나올 때까지는 인솔한 내무서원들이 점잖게 굴었으나 산길로 접어들자 태도가 백팔십도로 바뀌었다.

"빨리빨리 걸어! 이 새끼들아."

벌써 밤 11시가 지나고 있었다. 동산 위에 떴던 한가위 보름달은 허공 위에 떠올라 대낮처럼 밤길을 밝혀 주고 있었다. 손 목사는 신경통 때문에 한쪽 다리를 절며 낙오하지 않으려 비틀거리며 겨우 대오를 따라가고 있었다.

앞서 걷던 김창수가 문득 뒤돌아보다가 손 목사의 발을 보게 되었다.

"아니, 목사님. 구두 한 짝은 어쨌지요?"

황토 위에 자갈들이 깔린 산길인데 다리를 절며 따라가다 보니 신발 한 짝이 벗겨져 나가 없어졌던 것이다.

"어떤 놈이야? 조용히 못 하간? 누구야?"

"……."

아무 말 못 하고 조용해졌다. 손 목사는 걷는 데 불편했던지 아예 남아 있던 오른쪽 구두 한 짝마저 벗어 버렸다. 맨발로 걸었다. 그걸 보는 김창수의 가슴은 미어질 듯 아팠다. 돌과 자갈이 깔린 산길을, 그것도 순천까지는 50리가 넘는 길인데 맨발로 걸어간다 생각하니 끔찍해 보였던 것이다. 얼마 못 가서 돌부리에 채이고 걸려서 찢어지고 터져서 피투성이가 될 게 뻔해 보였다.

“급하게 드릴 말씀이 있는데요?”

손 목사가 감시하며 따라가던 내무서원에게 말을 걸었다.

“소변은 아까 다 함께 봤는데 뭐가 급하다는 거야?”

“교화장에서 떠날 때 삼방 교화관께 부탁을 했거든요? 연행돼 올 때 성경책을 가지고 왔다가 압수당했었습니다. 그걸 내달라고 했더니 부서장께 말씀드려 놓을 테니 나중에 떠날 때 찾아가라 해서요.”

“무슨 개소리야? 그런 거 주란 소린 들어 본 적도 없어. 그러고 보니 동무가 지독한 예수쟁이로 소문난 손 목사로구먼? 안 그래도 궁금했는데 어디 한번 물어보자구. 예수 믿으면 뭐가 좋지?”

“모든 죄에서 구원을 받고 영생을 얻으며 하나님 자녀가 되어 죽으면 천당 갑니다. 천당은 배고픔도 없고 병들 일도 없으며 영원히 죽지 않고 행복하게 살 수 있는 곳입니다.”

“죽으면 천당 간다? 진짜 있는지 누가 다녀왔나?”

“죽는데 어떻게 다시 이승에 돌아옵니까? 있다고 믿어야 합니다. 믿지 못하고 의심하면 죽어서도 천당에 가지 못합니다.”

“무슨 잠꼬대 같은 소릴 하나? 우리 사회주의 공산당은 죽어서 천당을 가는 게 아니고 살아서 천국을 건설하고자 해방전쟁을 하고 있으며 혁명 중이다. 정신 차리란 말야. 알간? 너 같은 예수쟁이들은 싹 쓸어버려야 붉은 혁명이 성공할 수 있는 거야.”

“예수 믿고 회개해야만 지옥에 안 갑니다.”

손 목사는 그에게 전도하고자 숨을 헐떡이며 열심히 설득했다.

"찰거머리 같은 놈, 시끄러워! 닥쳐라. 그만 닥치지 못하나?"

화가 나서 외치는데도 손 목사는 하나님의 권능과 구원과 영생과 회개에 대해 말을 이어 갔다.

"이 새끼가 죽고 싶어 환장했나? 야!"

"악!"

"목사님!"

손 목사가 앞으로 고꾸라졌다. 화가 나서 장총 개머리판으로 손 목사의 입을 내리찍은 것이다. 손 목사의 입에서는 피가 솟구치며 이가 부러져 밖으로 삐져나왔다. 하지만 두 손이 묶여 있어 만져 볼 수도 없었다. 그가 자빠지는 바람에 굴비처럼 엮여 있던 다른 죄수들 네 명이 한꺼번에 뒹굴었다.

"빨랑 일어나지 못하간? 일어나라!"

내무서원들은 총대를 휘두르며 쓰러진 사람들을 함부로 갈겼다. 김창수는 목사님을 불러만 볼 뿐 다가가지도 못하고 있었다. 딴사람들과 묶여 있기 때문이었다. 겨우 모두 바로 섰다.

"멈춰라!"

행군을 멈추게 했다. 근처 숲 속에 빈터가 있었다. 모두 집합시켰다.

"추석이라 보름달이 너무 밝아 한낮 같다. 미제 폭격기의 목표가 될 수도 있다. 그러니 숨어서 행군할 것이다. 지금까지의 길 말고 깊은 산속 지름길을 골라 갈 것이다. 그러기 위해서는 열 명씩 새로 조를 짜기로 한다. 자, 지금부터 실시한다. 실시!"

150여 명이 한 줄로 묶여 있었는데 10명씩 떼어 내어 한 조를 만들라 한 것이다. 15개 조가 만들어졌다. 그들은 미평 지서를 지나자 행군을 멈추고 전원을 숲 속에 앉혔다.

"한 개 조씩 전진하기로 한다. 무엇보다 정숙해야 하며, 신속히 전진한다. 만에 하나 도망치는 자가 있다면 끝까지 쫓아가 사살할 것이다. 알았나? 자, 그럼 일조 출발하라!"

일본도를 빼어 들고 부서장이 명령했다.

"일조 출발!"

따발총으로 무장한 내무서원 세 명이 제1조의 뒤를 따라갔다. 다른 조원들은 주저앉아 기다리고 있었다. 오 분쯤 지났을까.

"따따따!"

전방 좀 떨어진 쪽에서 연속 사격하는 따발총 소리가 밤하늘을 울렸다. 모두 놀라서 일어나려 하자 부서장이 큰 소리로 말했다.

"모두 앉아라. 도망치는 자들이 있으니께니 총을 갈기는 것이다. 다 앉고 이조만 출발하라!"

제2조 10명이 출발했다. 처음 교화장을 나올 때는 김창수가 손 목사 앞에 묶여 나왔는데 10명씩 새로 조를 짤 때는 손 목사가 2조에 들어가고 김창수는 3조에 들어가 있었다. 손 목사가 일어섰다. 개머리판에 입을 얻어맞아 아직도 피가 흘렀고 퉁퉁 부어 있었다.

다음은 그 학살의 현장에서 살아남은 김창수가 손양원 목사의 따님인 손동희 권사에게 전한 증언 내용이다.

따발총 소리가 들려왔습니다. 이제는 의심할 여지가 없었습니다. 그들은 우리를 남김없이 죽이려는 속셈이었습니다. 손 목사님은 일어나시며 나를 돌아보고 말씀하셨습니다.

"창수 군, 기도하게. 어떤 순간이 와도 기도하게. 하나님께서 돌봐 주실 걸세. 자, 우리 천국에서 다시 만나세."

그게 마지막이었습니다. 피투성이가 된 맨발로 절뚝이시면서 열 명의 죄수 아닌 죄수들과 연결된 채 과수원 쪽 숲 속으로 걸어가셨습니다. 나는 나도 모르게 마음속으로 하나님을 부르고 있었습니다. 기도가 절로 나왔습니다. 손 목사님의 마지막 말씀이 자꾸만 귓전을 울렸습니다. 비굴하지 않게 죽음을 맞이할 준비나 해야겠다는 다짐을 했습니다.

"따다다다 따다다다."

그때 콩 튀듯 따발총의 연속 사격 소리가 전방에서 터져 올랐습니다. 목사님은 분명 그때 순교하신 듯했습니다. 그 생각을 하니 나는 무슨 수를 쓰든 살아야겠다는 욕망을 갖게 되어 손목에 묶인 줄을 저들이 모르게 이빨로 물어뜯으며 끊어 내려고 기를 썼습니다. 하나님이 봐주시어 한쪽 손목이 툭 소리를 내며 풀어지는 것이었습니다.

드디어 내가 묶여 있던 삼조가 출발했습니다. 삼십여 미터 갔을까. 과수원 길로 접어들자 바람결에 피비린내와 화약 냄새가 코를 찔렀습니다. 그리고 쑥바위 숲 속 여기저기에는 포승줄에 묶인 채 총탄을 맞은 시체들이 즐비하게 나뒹굴고 있었습니다.

여기서 총알이 날아오면 나는 죽는구나 싶어 한쪽 팔목의 포승줄마저 끊어 내고 어둠 속으로 그냥 튀었습니다.

"한 놈 도망쳤다. 사살하라!"

덜미에서 그런 소리가 들리며 비 오듯 총탄이 날아왔습니다. 나는 거의 기어서 과수원 둔덕을 넘어 논바닥으로 몸을 숨겼다가 하얀 하복이 눈에 띨지 몰라 벗어서 던져 버리고 다시 뛰기 시작했습니다.

얼마를 달렸을까. 추격자가 없다는 걸 알고 커다란 바위 밑에 쭈그리고 앉아 숨을 돌리며 그제야 손 목사님 안위가 생각났습니다. 돌아가셨는지, 중상을 입고 목숨은 붙어 있는지 확인해 보고 싶었지만 다시 현장을 간다는 것은 사지에 들어가는 꼴이라 용기가 나지 않았습니다.

여전히 학살의 만행을 저지르는 총성이 그치지 않고 들려오고 있었습니다. 나는 무엇보다 먼저 손 목사님 댁으로 가서 이 사실을 알려야겠다는 생각이 들었습니다. 개울을 지나고 뻘밭을 지나고 논밭을 가로지르며 밤길을 달려 비로소 새벽에야 애양원 교회 사택, 목사님 댁 문을 두드릴 수 있었습니다.

한편 죄 없이 끌려간 손 목사가 돌아오기만을 기다리며 만삭의 몸을 푼 정양순 사모는 언제 남편이 올지 몰라 잠도 제대로 자지 못하고 기다렸다. 풍편에 들려오는 소식에 의하면 여수내무서에 붙잡혀 있는 사람들은 곧 석방하려고 한다는 것이었다. 그래서 아침마다 더운밥을 떠놓고 이제나 저제나 갓난아기를 안고 기다리고 있었다.

누군가 대문 두드리는 소리가 설핏 나서 정양순 사모는 잠에서 깨어 벌떡 일어났다.

'손 목사님이 오신 게 아닐까?'

마음이 급하여 방문을 열고 대문으로 나가 문을 열었다.

"당신이에요?" 하다가 그녀는 아 하고 짧은 신음 소리를 넘겼다. 남편인 손 목사가 아니고 괴상한 모습을 한 청년 하나가 서 있었던 것이다. 옷을 벗고 팬티 한 장만 걸친 피투성이 몸에 흙탕이 말라붙어 있었다.

"사모님, 저 동신이 친구 창수예요."

"그, 그래. 창수로구나. 헌데 어디서 오는데 이 꼴이냐?"

"저어."

김창수는 말을 못하고 목이 메어 고개를 떨구었다.

"무슨 일이야? 너희 집에 무슨 일이 있니?"

"그게 아니구⋯⋯."

"아니면?"

"놀라지 마세요. 목사님 돌아가셨을 거예요. 아니, 돌아가셨어요."

"그게 무슨 말이야? 응?"

자신은 학살 현장에서 구사일생하여 도망쳐 왔지만 손 목사는 아마도 순교한 것 같다고 말해 주었다.

"수, 순교? 하나님."

정양순 사모는 외마디 소리로 하나님을 부르고는 의식을 잃고 쓰러졌다. 이른 아침 애양원교회는 손 목사의 순교 소식으로 발칵 뒤집혔다.

"사모님, 정신 차리세요. 사모님 괜찮으세요?"

몇몇 여집사들이 간호를 하며 의식이 돌아오기를 도와주고 있었다. 겨우 눈을 떴다. 하염없이 눈물이 흐르고 있었다.

"둔덕동 미평 과수원 골짜기로 사람들 좀 보내 주세요. 거기 목사님이 계시답니다. 모셔와야지요."

"알았어요. 청년들 시킬게요."

도망쳐 온 김창수는 아직도 죽음의 공포 때문에 함께 가지는 못하고 학살 현장만 알려준 뒤 율촌리 자기 집으로 떠났다. 이윽고 네 명의 청년들이 미평 과수원으로 갔다. 목사님이 순교했다는 소식에 애양원 병원에 수용되어 있던 환자들까지 모두 모여 손 목사의 시신이 돌아오기만을 기다리고 있었다.

"저기 오구 있어요."

누군가 바다와 접해 있는 먼 둑길을 가리켰다. 청년들 네 명이 임시로 만든 들것 위에 뭔가를 싣고 다가오는 게 보였다. 청년 네 명이 앞뒤에서 들것을 들고 서서히 가까이 왔다. 어떻게 됐느냐 묻는 사람도 없고 입을 여는 청년도 없었다. 들것은 교회 윗길로

올라갔다. 벌써 모든 식구들은 두려움과 슬픔을 느끼고 오열을
삼키며 그 뒤를 따랐다.

교회 앞마당에 들어서자 부인네들의 부축을 받고 남편을 기다
리고 있던 손 목사의 아내는 실성한 사람처럼 주님을 찾고 있었
다. 청년들이 들것을 마당 복판에 놓았다. 그곳은 순교한 동인과
동신의 시신이 누워 있던 곳이다.

손 목사의 아내가 들것 앞으로 다가왔다.

"이게 목사님이에요? 설마 목사님 아니겠지요?"

쏟아지는 눈물 탓에 앞이 안 보이는지 하늘을 올려다보았다.

"사모님, 댁으로 들어가시지요. 쉬세요."

박 장로가 위로하며 권했다.

"아니에요. 그이라면 벌써 일어나 앉으셨을 거예요. 믿기지 않아
요. 직접 봐야겠어요."

정양순 사모는 들것을 덮고 있던 홑이불 자락을 들추었다.

"아."

외마디 비명을 지르며 시신 앞에 주저앉았다. 손 목사는 얼마나
맞았는지 얼굴은 피투성이였고 입술은 터져 부어올랐고 이는 여
러 개가 부러져 나가고 없었다. 그뿐만 아니라 차마 눈을 감고 죽
음을 맞이할 수 없었던 듯 두 눈은 뜬 채였다.

"여보! 왜 눈마저 못 감으셨어요? 애양원은 걱정 마시고 편안히
주님 곁으로 가세요."

정양순 사모는 남편의 두 눈을 감겨 주었다. 그걸 지켜보던 수

백 명의 애양원 식구들은 땅바닥에 주저앉으며 찌그러지고 꼬부라진 두 손으로 땅을 치며 통곡했다.

시체는 만신창이였다. 두 손바닥에는 총알이 관통한 듯 구멍이 나 있었다. 학살 직전까지 손 목사는 묶인 팔을 모아 두 손을 맞잡고 기도를 하고 있었던 듯했다. 어깨에도 관통한 자국이 있었고 심장 쪽에도 구멍이 나 있었다. 시체는 깨끗이 씻기고 새 옷으로 갈아입힌 후 성산학교 교실에 안치했다가 예배를 드리고 입관했다.

가장 서럽게 통곡하는 사람은 재선이었다. 피살되어 순교했다는 소식을 들은 그는 정신없이 애양원에 쫓아와 손 목사의 관을 잡고 몸부림쳤던 것이다.

"아버님! 이게 무슨 날벼락입니까? 백 번 천 번 죽어도 시원찮을 이 살인자를 아들로 삼아 주시고 제 목숨까지 살려 주셨으면 이 불효자 효도할 수 있는 시간을 주셔야 하지 않습니까? 아버님! 저 혼자 남아 어쩌라는 겁니까?"

재선의 가슴을 찢는 그 부르짖음은 모든 이들을 울렸다. 안재선에서 손재선으로 손 목사의 양자가 된 그는 진정으로 회개하고 사랑과 용서가 뭔지를 깨달아 참신자가 되려고 노력했고, 손 목사의 그림자 되어 손 목사가 가는 곳에는 어디든 따라다니며 시중들고 간증을 해왔다.

재선은 손 목사 순교 이후 살아야 할 이유를 잃어 우울증에 사로잡혔고, 영육의 방황이 계속되어 암흑의 나락에 빠졌었다.

손 목사님의 시신은 입관을 시킨 후에 집으로 옮겨 모셨다. 그런 다음 애양원 동산에 가매장했다. 장례식 날 관을 들어 내어 정식으로 두 아들이 묻혀 있는 묘원에 묻기로 했다.

10월 13일 금요일 오전 9시.

손양원 목사의 순교 소천 영결식은 순교한 지 보름 만에 애양원 뜰에서 성대하게 치러졌다. 애양원 식구들과 외부에서 찾아온 귀빈들과 문상객 등 천여 명이 넘는 조객들이 이승을 떠나는 손 목사의 영결예배를 올렸다.

가을 하늘은 높고 푸르기만 했다. 수십 개의 만장이 펄럭이며 고인의 순교 정신을 추모하고 있었다. 예배는 경건하고 엄숙하게 드려졌다. 부산 고려고등성경학교 교장 오종덕 목사의 인도에 따라 시편 1편의 성시교독이 이어지고, 사도신경을 올린 후 애양원 교회 찬양대의 노랫소리가 울려 퍼졌다.

고생과 수고가 다 지난 후 광명한 천국에 편히 쉴 때
주님을 모시고 나 살리니 영원히 빛나는 영광일세
영광일세 영광일세 내가 누릴 영광일세
은혜로 주 얼굴 뵈옵나니 지극한 영광 내 영광일세

찬송이 이어지자 애양원 모든 식구들은 따라 부르다 목이 메었고, 찬양대마저 목이 메어 제대로 부르지 못했다. 부산 고려신학교 교장 박윤선 목사가 '순교에 대하여'라는 제목으로 말씀을 전했다.

"디모데후서 4장 7절을 보십시다.

'나는 선한 싸움을 싸우고 나의 달려갈 길을 마치고 믿음을 지 켰으니 이제 후로는 나를 위하여 의의 면류관이 예비되었으므로 주 곧 의로우신 재판장이 그날에 내게 주실 것이며 내게만 아니 라 주의 나타나심을 사모하는 모든 자에게도니라.'

이는 사도 바울께서 하신 말씀이지만 하나님의 의를 위해 순교 하신 손양원 목사님이 지금 우리에게 하시는 말씀이라고 생각합 니다. 예수님은 죄 많은 우리를 위해 그리고 하나님의 의를 위해 순교하셨습니다.

손양원 목사님은 하나님의 의를 지키고 하나님의 순수한 말씀 대로 믿음생활 하기 위해 신앙을 저해하고 방해하는 세력과 피 흘리며 싸워서 마침내 승리하고 소천하였습니다. 순교는 승리자 의 영예로운 이름입니다.

목사님은 온갖 핍박과 압제와 환난의 공격을 받았습니다. 불의 의 표본인 일본 제국주의자들에게 종신형이나 다름없는 형을 받 고 투옥당했으며 북한 공산당에게도 온갖 핍박을 받았고 동족들 에게 두 아들마저 순교자로 바치는 슬픔을 당하면서도, 참신앙의 정절을 지키며 싸워서 이겨 내셨습니다.

모르는 이들은 싸워서 진 줄 알고 있었지만 사실은 이긴 자가 된 것입니다. 예수님은 성령을 통하여 이기는 승리자에게는 우리가 상상할 수 없는 복을 주겠다고 초대 일곱 교회에 약속하셨습니다. 에베소 교회에는 낙원의 생명나무 과실을 따먹게 하여 영생을 얻게 해주시겠다고 약속했고, 서머나 교회에는 생명의 면류관을 씌워 주고 죽고 나서 지옥에 떨어지는 둘째 사망의 해를 면케 해주시겠다고 했고, 버가모 교회에는 아직 알려지지 않은 숨겨진 하나님의 진리 말씀과 모든 죄를 깨끗이 씻은 흰 돌을 주시겠다고 약속했습니다.

두아디라 교회에는 새벽별인 예수님을 모시고 만국을 다스릴 수 있는 철장 권한을 주시겠다 약속했으며, 사데 교회에는 역시 죄를 씻어 하얗게 된 흰옷을 입게 하고 하늘의 생명책에 이름을 올리게 해주겠으며, 빌라델비아 교회에는 거룩한 성 새 예루살렘의 이름을 주고 그 성전의 기둥으로 삼겠다고 하셨고, 라오디게아 교회에는 이기는 자에게는 내 보좌에 함께 앉아 아버지를 보게 하리라 약속했습니다.

요한계시록 3장 21절에 이렇게 기록되어 있습니다. 이기는 그에게는 내가 내 보좌에 함께 앉게 하여 주겠다고 말입니다. 지금쯤 우리 손양원 목사님은 승리자로서 하나님의 보좌에 예수님과 함께 앉아 있을 것입니다."

감동적인 설교가 끝나자 애도사가 이어졌다. 애양원 대표로 이현철 집사가, 노회 대표로 나덕환 목사가, 귀빈 대표로 기독신문사 김봉서 사장이 애도사를 읊었다. 고려신학교 학생들이 특송을 부르고 박윤선 목사의 축도로 예배를 마쳤다.

황무지가 장미꽃같이 피는 것을 볼 때에

구속함의 노래 부르며 거룩한 길 다니리

거기 거룩한 그 길에 검은 구름 없으니

낮과 같이 맑고 밝은 거룩한 길 다니리

장지인 애양원 동산으로 운구하기 위해 시신이 든 관을 꽃상여 안에 안치했다. 찬송이 울려 퍼지고 온 식구들이 일제히 울음을 터뜨렸다.

이윽고 꽃상여가 장지를 가기 위해 둑길로 올라섰다. 상여 앞에는 상주인 재선이 손 목사의 영정을 들고 나가고 뒤로는 수십 개의 만장이 바닷바람에 펄럭이며 그 뒤를 따랐다. 찬양대가 '하늘 가는 밝은 길'을 불렀다.

찬양대 뒤에는 정양순 사모와, 장남과 차남이 빠진 아들들과 딸들이 울며 따르고 귀빈들과 애양원 식구들이 한 덩어리가 되어 흐느끼며 따랐다. 얼마 후 상여는 동인, 동신 두 순교자 아들이 잠들어 있는 묘원에 이르렀다.

동인과 동신의 무덤 뒤에는 이미 깊숙이 땅이 파여 있었다. 하관예식이 이어졌다. 간단한 예배였다. 주기도를 드리고 박윤선 목사의 말씀 후 평소 가장 친하게 지내 온 나덕환 목사가 마지막 가는 친구를 위해 기도했다.

기도가 끝나자 관이 서서히 땅속에 들어갔다. 찬송 소리가 메아리쳤다.

저 요단강 건너편에 찬란하게 뵈는 집
예루살렘 새 집에서 주의 얼굴 뵈오리
빛난 하늘 그 집에서 주의 얼굴 뵈오리
한량없는 영광 중에 주의 얼굴 뵈오리

하나님이 택하신 성자, 용서와 사랑의 순교자 손양원 목사는 그렇게 우리 곁을 떠나갔다. 1950년, 아직 동족상잔의 전쟁 중인 10월 13일 오전 9시였다. 1902년에 태어났으니 49세, 아까운 나이에 소천하고 말았던 것이다.

저자 후기

미국 하와이에 사랑의 성자 다미안이 있었다면 한국에는 손양원 목사가 있다. 벨기에 출신 신부 다미안은 23세에 하와이 선교를 자원하여 갔다가 몰로카이섬의 한센병 환자 격리수용소에 있는 수백 명의 환자가 돌보는 이 없이 매일 죽어 가고 있다는 사실을 알고, 신명을 다 바쳐 스스로 나환자가 되어 죽을 때까지 16년간 복음을 전하고 헌신 봉사하다 생을 마감했다.

손양원 목사 또한 한센병 환자 수용 병원인 여수 애양원과 부속 교회에서 순교할 때까지 나환자들과 동고동락하며 그들의 육신과 영혼을 구원하기 위해 생명을 다해 봉사하며 복음을 증거했다. 이러한 사실은 다미안과 비슷하지만, 손양원 목사가 더 위대한 점은 다른 곳에 있다.

"예수로 돌아가자"(Back to Jesus)라는 말은 본연의 예수, 그 순결을 지키자는 말이다. 손양원 목사는 신사참배를 강요하는 일제에 맞서 종신형을 받으면서까지 그 순결, 성결을 지켜냈다. 또 그 성결을 빼앗기 위해 자신의 목숨과도 같은 두 아들(동인, 동신)을 좌익들이 총살했을 때도 그는 예수의 성결이 바로 '사랑과 용서'라는 걸 알고 아들을 죽인 자를 양자로 삼는, 상상을 초월하는 사랑을 실천했다.

그뿐만 아니라 민족상잔의 비극 6·25가 일어나고 죽음의 협박을 당했을 때도 성결을 지키기 위해 학살을 감수하고 거룩히 순교했으니, 손양원 목사야말로 성자 중의 성자가 아닐 수 없다.

손양원 목사에 관한 책들이 몇 권 있다. 나는 기독교의 '사랑과 용서'란 무엇인가에 대해 오래 묵상하다가 손양원 목사를 소설로 써보아야겠다는 강한 의욕이 생겨 이 작품을 쓰게 되었다. 읽는 이들은 소설이라는 것을 감안해 주었으면 한다. 사실(fact)을 왜곡할 수는 없으나 소설적인 공간에서는 다르게 표현될 수도 있기 때문이다.

정확히 정리된 손양원 목사의 연보가 없어 작업에 어려움이 있었다. 아쉽지만 그 작업은 그 방면의 연구자들이 펴낼 평전(評傳)에 맡길 수밖에 없다. 더불어 이 소설의 후반부 김창수 씨의 증언 내용 등은 손동희 권사의 《나의 아버지 손양원 목사》를 참조했음을 밝혀 둔다. 또 자료 협조에 성의를 보여 주신 모든 분들, 특히 김성천 목사님께 고마움을 전한다.

2010년 9월

유현종

소설 손양원: 사랑과 용서

지은이 유현종

2010. 9. 27. 초판 발행
2011. 9. 28. 3쇄 발행

펴낸이 정애주
편집 송승호 이현주 한미영 황교진 김기민 김준표 오은숙 유진실
미술 김진성 문정인 송하현 최혜영
제작 윤태웅
영업 오민택 차길환 국효숙 박상신 송민영
총무 정희자 마명진 김은오 윤진숙

펴낸곳 주식회사 홍성사
1977. 8. 1. 등록 / 제 1-499호
121-897 서울시 마포구 합정동 369-43
TEL. 333-5161 FAX. 333-5165
http://www.hsbooks.com
E-mail : hsbooks@hsbooks.com

ⓒ 유현종, 2010

ISBN 978-89-365-0281-2
값 13,000원 ※잘못된 책은 바꿔 드립니다.
Printed in Korea

홍성사. HONG SUNG SA, LTD.